WITZ & QUIZ

Hannelore Müller-Scherz (Hrsg.)

Trickkiste

Alles Gute!

Rektor

Hannelore Müller-Scherz (Hrsg.)

Trickkiste

1000 Langeweile-
Killer-Tips

RAVENSBURGER BUCHVERLAG

Illustrationen von Robert Erker

Lizenzausgabe
als Ravensburger Taschenbuch
Band 3002
erschienen 1996

Erstmals in den Ravensburger
Taschenbüchern erschienen 1992
(als RTB 1819)

Die Originalausgabe erschien 1990
im Loewes Verlag, Bindlach
unter dem Titel »Leselöwen-Trickkiste«

Umschlagillustration: Robert Erker

RTB-Reihenkonzeption:
Heinrich Paravicini, Jens Schmidt

**Gesamtherstellung: Ebner Ulm
Printed in Germany**

6 5 4 3 2 1   01 00 99 98 97 96

ISBN 3-473-53002-6

WITZ & QUIZ

INHALT

Vorwort

Was macht man, wenn man in der Wüste auf eine Schlange trifft?

Ganz einfach: Man stellt sich hinten an.

Doch nicht immer geht's im folgenden so einfach zu. Oft heißt es scharf nachdenken und die grauen Zellen auf Trab bringen, denn die **Trickkiste** hat's in sich: Hier gibt es Spielereien mit Zündhölzern und Zahlen, Phänomene der Physik, Rätsel zum Tüfteln und Knobeln, Kopfnüsse zum Knacken, Tricks zum Austricksen und faulen Zauber im Handumdrehen.

Wer kann schon auf Anhieb sagen, welches Transportmittel sich in einem anderen bewegt, und zwar selbständig und in ganz anderer Richtung? Wen packt nicht der Ehrgeiz, wenn er eine Flasche umblasen oder durch eine Postkarte krabbeln soll? Grips und Geduld sind außerdem gefragt, wenn es gilt, aus Irrgärten herauszufinden oder Lügenmärchen aufzudecken. Auch das Reinlegen und Austricksen will gelernt sein. Wer weiß, wie's funktioniert, kann problemlos Kerzen essen oder mit abgebrannten Zündhölzern Feuer geben. Und natürlich wird jeder verblüfft gukken, wenn du mit »Röntgenaugen« geheime Botschaften liest oder ein volles Glas zur Abwechslung mal umgekehrt trägst.

Tricksen und Knobeln läßt es sich zu jeder Zeit und an jedem Ort, egal ob es ein verregneter Abend zu Hause oder ein heißer Tag am Strand ist. Wenn du gerade Langeweile hast, kannst du dir allein den Kopf darüber zerbrechen, wie es der Fährmann anstellt, einen Wolf, eine Ziege und einen Kohlkopf über den Fluß zu bringen, ohne daß dabei einer gefressen wird. Wenn ihr zu mehreren seid, könnt ihr euch gemeinsam mit

Zündhölzern die Zeit vertreiben – natürlich auf völlig gefahrlose Art. Oder du trittst als Magier auf und zauberst und gaukelst den anderen was vor.

Als Besitzer dieser **Trickkiste** wirst du um keine Ideen mehr verlegen sein.

Und falls du dich zwischendurch vom vielen Grübeln und Tüfteln ausruhen willst, findest du hier jede Menge erholsamer Bilderrätsel, Scherzfragen, Drudel und anderer Blödeleien.

So – jetzt kann's losgehen mit dem Tricksen und Knobeln. Du wirst bald merken, wie es ist, wenn man sich an einem Rätsel festgebissen hat und nicht aufhören will, bis man der richtigen Lösung auf die Spur gekommen ist...

Viel Spaß dabei!

1 Zündholzspielereien

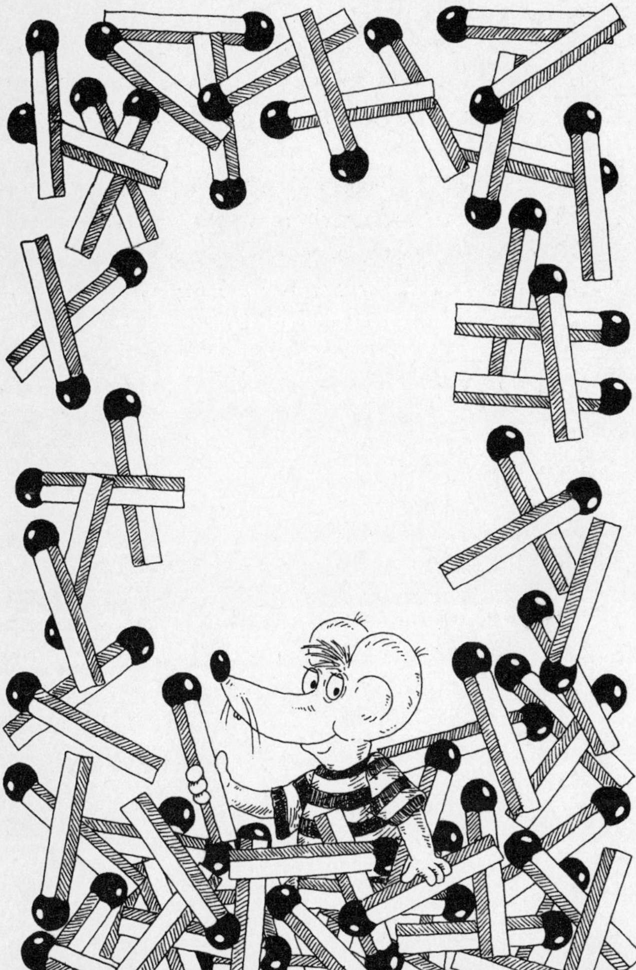

1 Ein Haus und ein Esel

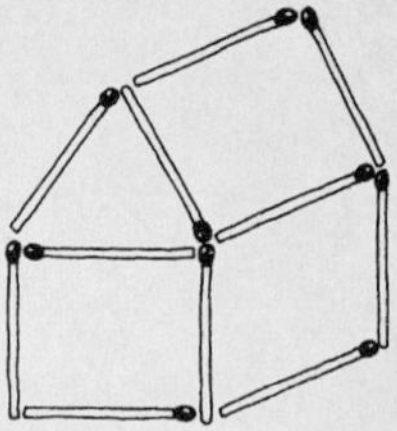

Mit elf Zündhölzern kannst du ein Haus bauen, wie du es rechts siehst.

Für einen Esel brauchst du zwei Zündhölzer mehr. Probier's mal aus.

2 Wen liebt Luise?

Luise hat sich verliebt. Willst du wissen, in wen? Du mußt nur sechs Zündhölzer anders legen, dann erfährst du den Vornamen ihres Freundes.

3 Ohne Hände

Schaffst du es, neun nebeneinanderliegende Zündhölzer in einem Zug in die leere Schachtel zu befördern, ohne die Hände oder sonstige Hilfsmittel zu benützen?

Die Lösungen zu diesem Kapitel findest du auf Seite 200.

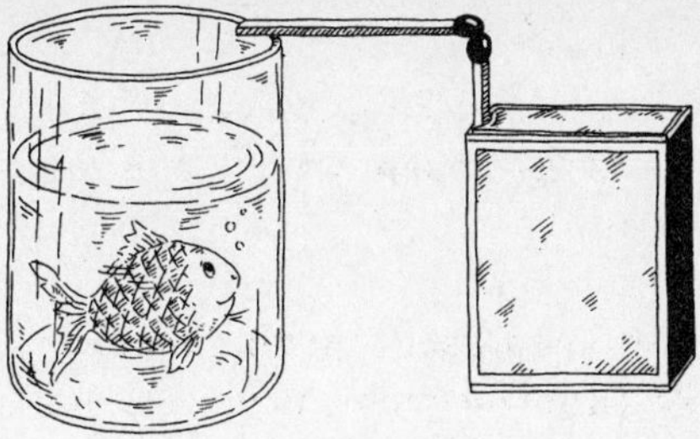

4 Ein »Wasserfall«

Du stellst ein gefülltes Wasserglas neben eine Zündholzschachtel und klemmst ein Hölzchen zwischen Hülse und Lade. Ein zweites kommt Kopf an Kopf auf das erste Zündholz und auf den Rand des Glases.

Kannst du das Glas austrinken, ohne die Zündhölzer zu berühren, ohne ihre Lage zu verändern oder einen Strohhalm zu verwenden?

5 Die geheimnisvolle Schachtel

Vor den Augen deiner Freunde öffnest du eine Zündholzschachtel zur Hälfte. Die Lade zeigt dabei mit dem Boden nach oben. Du schüttelst das Ganze leicht – kein Zündholz fällt heraus. Die Schachtel muß also leer sein. Dann schiebst du die Hülse über die Lade, nimmst dabei aus der – leeren! – Schachtel ein Hölzchen und zündest es an. Zur Verblüffung deiner Freunde ist die Schachtel jetzt sogar halb voll ...

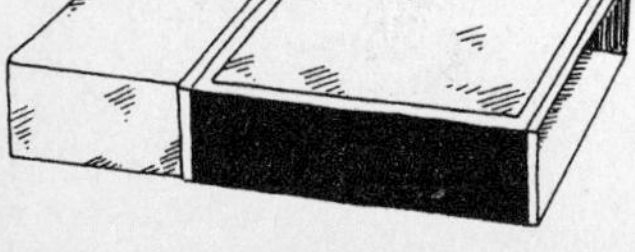

6 Feuer aus der Asche

Wenn ein Erwachsener sich eine Zigarette anzünden möchte, kannst du ihm auf wundersame Weise behilflich sein: Du nimmst ein bereits abgebranntes Zündholz aus dem Aschenbecher und gibst dem anderen damit Feuer...

7 Standfest

Wie kann man wohl drei Zündhölzer aufrecht nebeneinander auf eine Tischdecke stellen, ohne Hilfsmittel zu benützen? Deine Freunde werden sich den Kopf zermartern, aber bestimmt nicht auf die Lösung kommen, die nur dir bekannt ist.

8 Das verflixte Kreuz

Kannst du mit einem einzigen Zündholz ein Kreuz machen, ohne es zu knicken oder zu zerbrechen?

9 Auf einen Streich

Ist es möglich, den Inhalt einer ganzen Zündholzschachtel mit nur einem Zündholz hochzuheben?

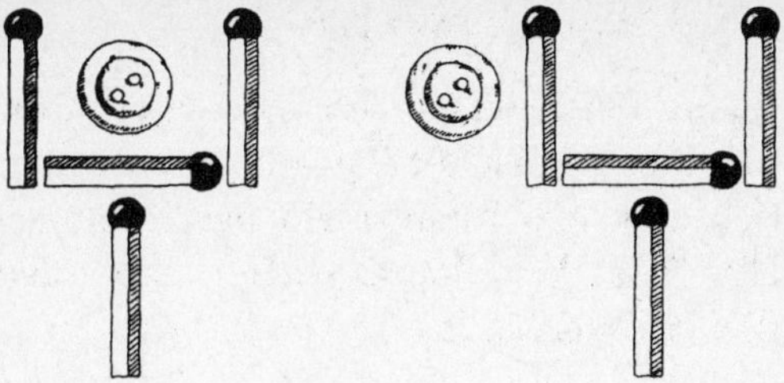

10 Die Müllschaufel

Die »Müllschaufel« gehört zu den beliebtesten Zündholzspielereien. – Als Müll nimmst du am besten einen Knopf oder eine Münze. Pack den Müll auf die Schaufel, und überlege dann: Wie schafft man es, durch Umlegen von zwei Zündhölzern den Müll wieder von der Schaufel zu befördern?

11 Holz an Holz

Versuch mal, sechs Zündhölzer so zu legen, daß jedes alle anderen berührt.

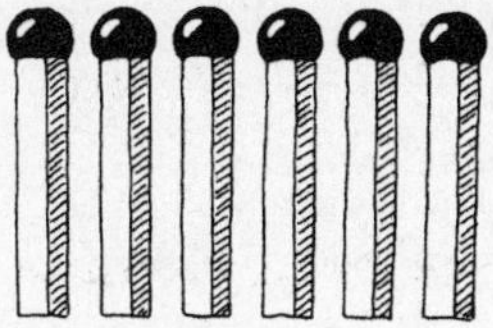

12 Flaschenzauber

Ein Zündholz wird in der Mitte geknickt und über eine Flaschenöffnung gelegt. Auf das Hölzchen kommt eine Münze. Kannst du die Münze, ohne sie oder das Hölzchen zu berühren, in die Flasche zaubern?

13 Der gefangene Vogel

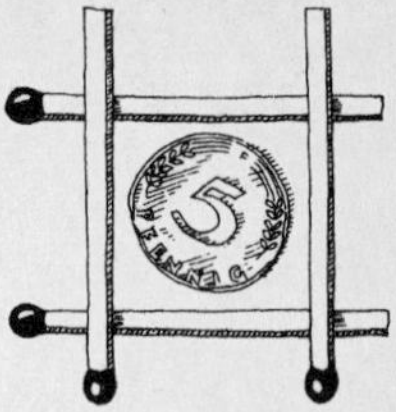

Stell dir vor, die vier Zündhölzchen sind ein Vogelkäfig, die Münze ist der eingesperrte Vogel, der gern in die Freiheit möchte. Befreie den Vogel, ohne ihn oder den Käfig zu berühren. (Wichtig: Die Figur muß auf einem Tischtuch ausgelegt werden.)

14 Die Uhr

Wie kann man aus fünf Zündhölzern eine Uhr legen, die tickt, und danach eine, die stehengeblieben ist?

15 Kopf hoch!

Wie lassen sich drei Zündhölzer ohne Hilfsmittel so auf den Tisch legen, daß keins mit dem Kopf den Tisch berührt? Wie kann man das gleiche Problem mit vier und dann sogar mit sechs Streichhölzern lösen?

16 Die Brücke

Du legst zwei Zündholzschachteln so auf den Tisch, daß sie ein bißchen weiter als eine Hölzchenlänge voneinander entfernt sind. Jetzt probier mal, mit vier Zündhölzern eine Brücke von Schachtel zu Schachtel zu bauen.

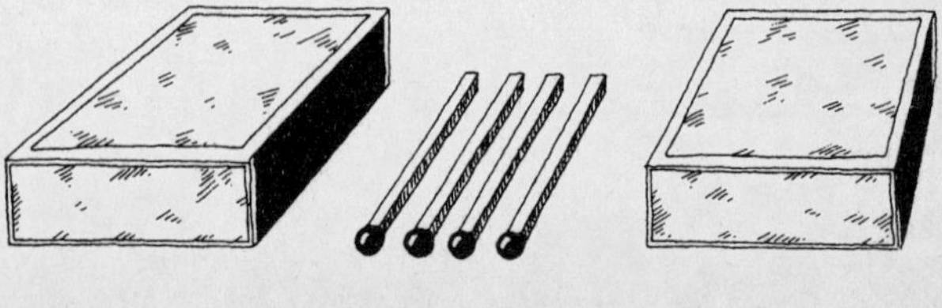

17 Ein Esel guckt sich um

Lege mit 15 Zündhölzern diesen Esel, der nach links guckt:

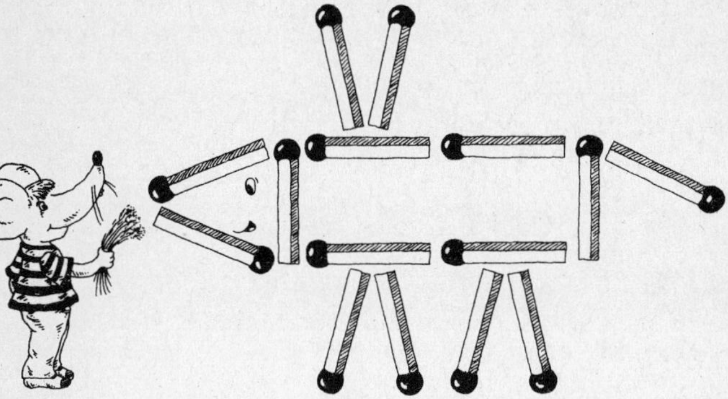

Wenn du drei Hölzchen umlegst, guckt der Esel nach rechts:

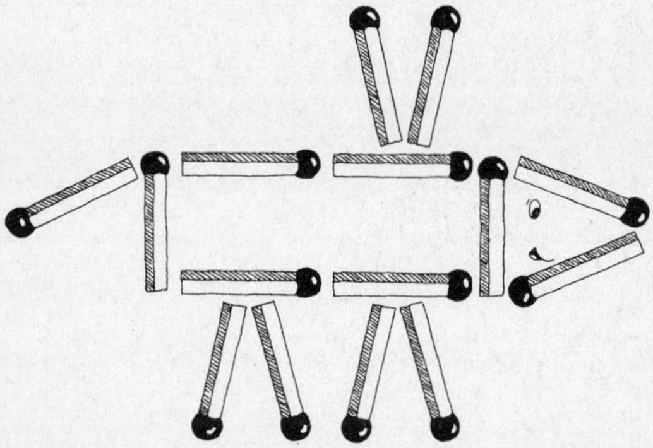

Kann er auch nach rechts gucken, wenn du nur zwei Hölzchen anders legen darfst?

18 Balance-Akt

Kannst du auf einem einzigen Streichholz 13 andere balancieren?

19 Der neue Blickwinkel

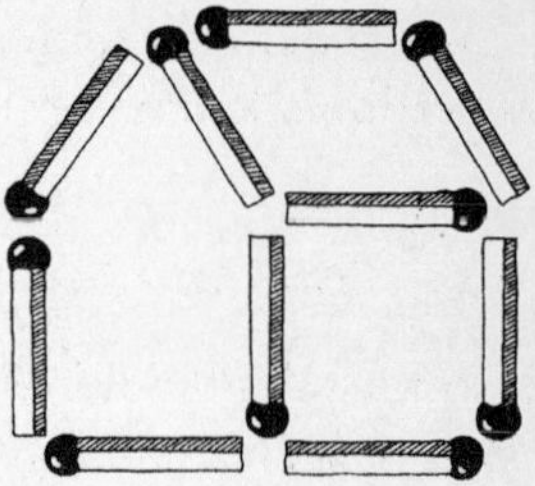

Dieses Haus ist aus zehn Zündhölzern gebaut. Wie es jetzt dasteht, siehst du es von links. Kannst du zwei Hölzchen so umlegen, daß man das Haus von rechts sieht?

20 Wetten, daß du gewinnst?

Mache auf dem Tisch drei Zündholzhäufchen wie unten. Dann kann's losgehen: Wer am Zug ist – dein Spielpartner oder du –, darf beliebig viele Hölzchen wegnehmen, aber immer nur von einem einzigen Häufchen. Wer das letzte Zündholz vom Tisch nehmen muß, der hat verloren. Doch du gewinnst immer...

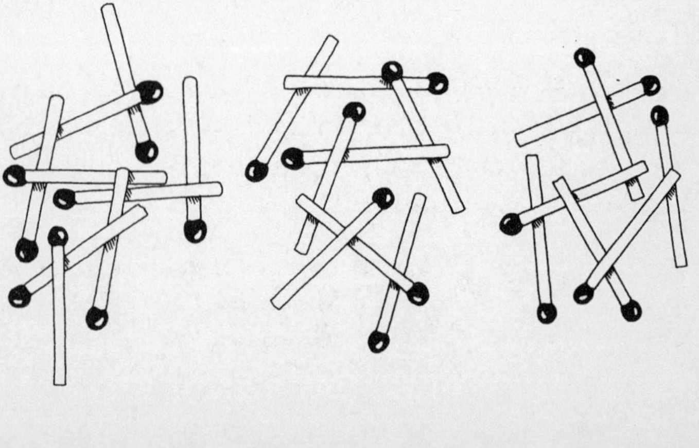

21 Elf verliert!

Mit diesem Spiel kannst du jeden reinlegen! Es kommen elf Zündhölzer auf den Tisch. Du suchst dir einen Mitspieler aus; jeder von euch darf dann abwechselnd ein, zwei oder drei Hölzer wegnehmen. Verloren hat immer derjenige, der das elfte Hölzchen nimmt. Du allerdings kennst einen Trick...

22 Total verrückt?

Nimm zehn Zündhölzer und mach acht daraus.
Nimm sechs Zündhölzer und mach null daraus.

23 Höhere Mathematik

Kaum zu glauben, aber wahr: Durch Umlegen nur eines einzigen Zündholzes ergibt die Rechenaufgabe 130. Findest du den Dreh?

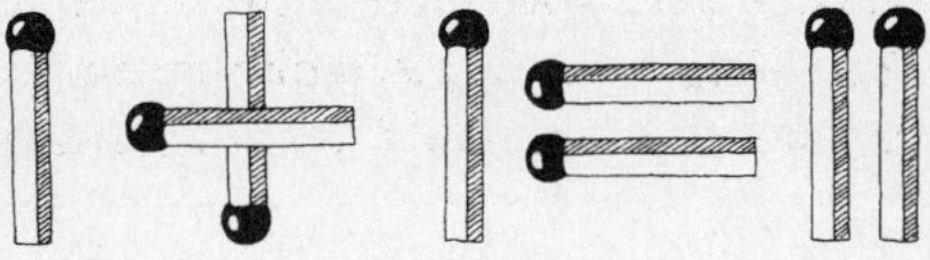

24 21 ist gleich 8?

Natürlich stimmt diese Zündholzgleichung nicht! Aber wenn du zwei Hölzchen veränderst, kannst du zu dem richtigen Ergebnis kommen!

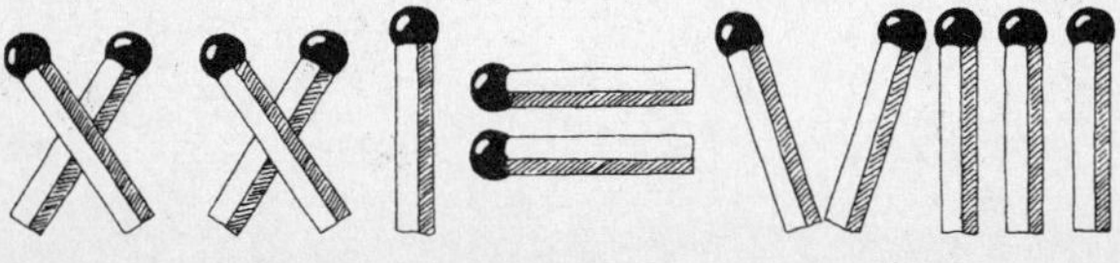

25 Das Schäferrätsel

Ein Schäfer stellt 13 Hürden so auf, daß seine sechs Schafe alle gleich große Weideräume zur Verfügung haben. Als eine der Hürden kaputtgeht, muß der Schäfer die restlichen zwölf so umbauen, daß wieder sechs gleich große Weideräume entstehen. Wie macht er das?

26 Das Sternenspiel

Dieser sechsstrahlige Stern besteht aus lauter Dreiekken. Versuch mal, durch Umlegen von sechs Hölzern einen sechsstrahligen Stern aus Rauten zu bilden.

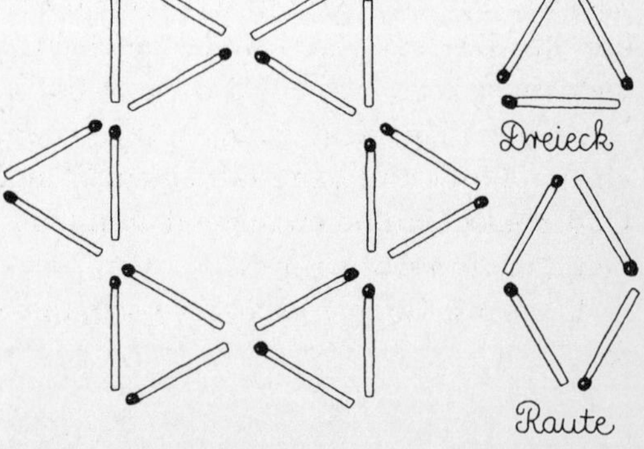

27 Hüpfspiel

Mit acht Zündhölzern legst du sieben Felder auf den Tisch. In die linken drei Felder kommt je ein Pfennigstück, in die rechten drei je ein Fünfpfennigstück. Das mittlere Feld bleibt frei.

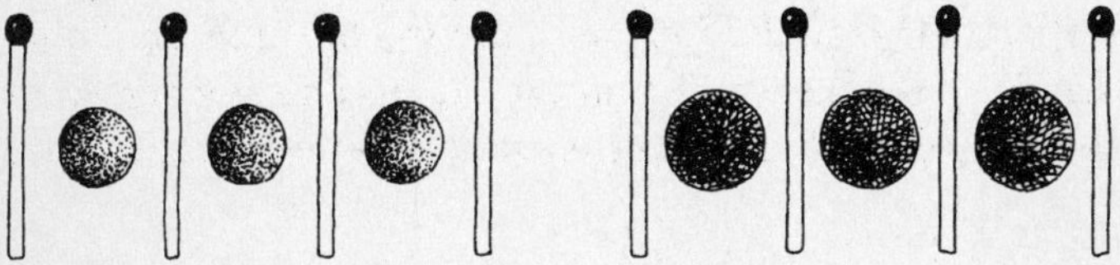

Nun kann »gehüpft« werden: Du darfst mit einem Geldstück immer nur in ein Nachbarfeld, das frei ist, oder, falls dort ein Geldstück liegt, in das übernächste Feld. Über zwei Geldstücke zu hüpfen ist verboten. Das Ziel ist, daß die Pfennige am Ende dort liegen, wo vorher die Fünfer waren und umgekehrt. Mit welchem Geldstück begonnen wird, kannst du frei entscheiden.

Kleiner Tip: Du brauchst nicht abwechselnd mit einem Fünfer und dann mit einem Pfennig zu hüpfen. – Und denke daran, manchmal mußt du rückwärts gehen, um voranzukommen.

Übrigens: Geübte »Frösche« schaffen es mit 15 Hüpfern!

28 Aus fünf mach vier!

Wirklich, man braucht nur zwei Hölzchen anders zu legen, um aus diesen fünf Quadraten vier zu machen – die außerdem gleich groß sind wie die ursprünglichen fünf. Schaffst du's?

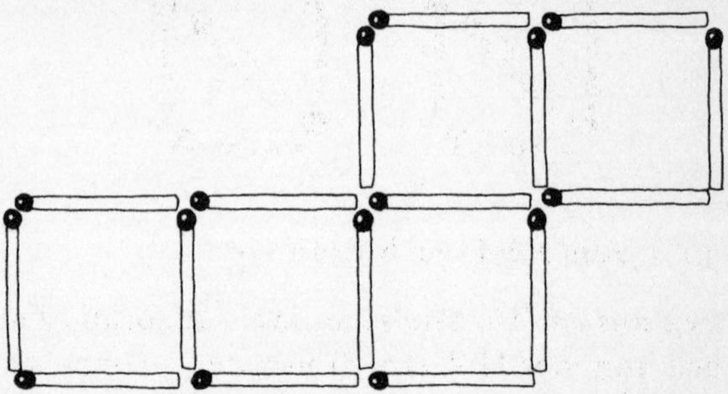

29 Das Ei

Kannst du aus 13 Zündhölzern ein Ei legen?

30 Der magische Stern

Knicke fünf Zündhölzer in der Mitte vorsichtig ein, und lege sie zu einem Stern aus. Dann läßt du einen Wassertropfen in den Mittelpunkt (A) fallen. Was wird passieren?

31 Die Verwandlung

Nur vier Hölzchen dürfen anders hingelegt werden – dann sollte aus den zwei Kästchen ein Körperteil geworden sein!

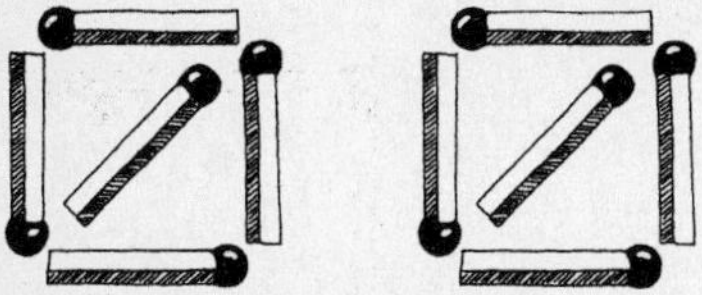

32 Aus zwei mach drei!

Leg aus 24 Zündhölzern zwei Quadrate. Durch Umlegen von vier Hölzern kannst du – mühelos? – auf drei Quadrate kommen!

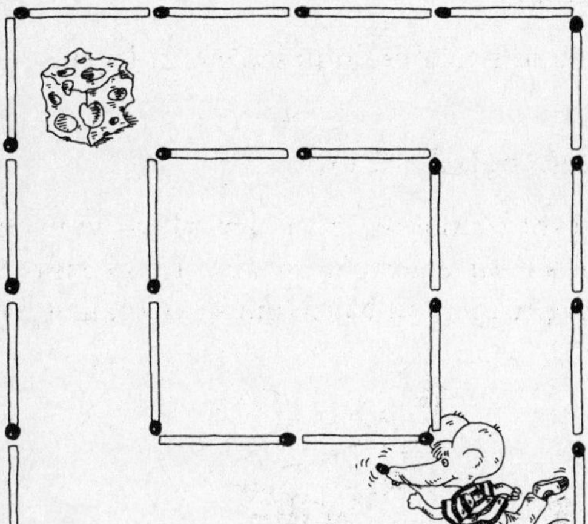

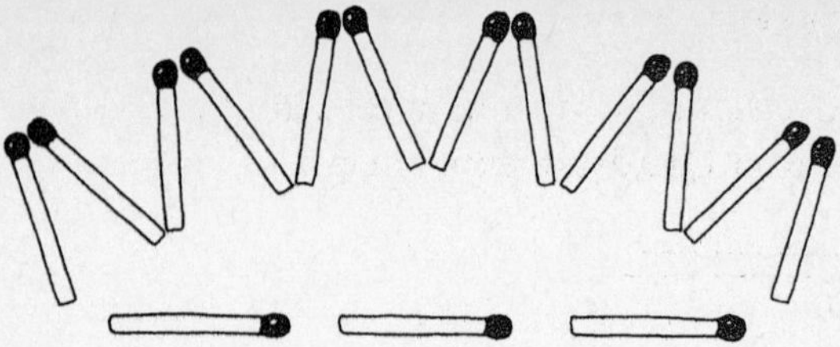

33 Die Krone

Wenn du sechs Zündhölzer anders legst, kannst du lesen, was die Person besitzt, die eine solche Krone trägt.

34 Zwei und zwei

Die acht Zündhölzer sollen in Zweiergruppen geteilt werden. Dabei darfst du die Hölzchen aber nicht willkürlich verlegen, sondern mußt bei jedem Zug zwei Zündhölzer in der Reihe überspringen! Wie kannst du das Problem lösen?

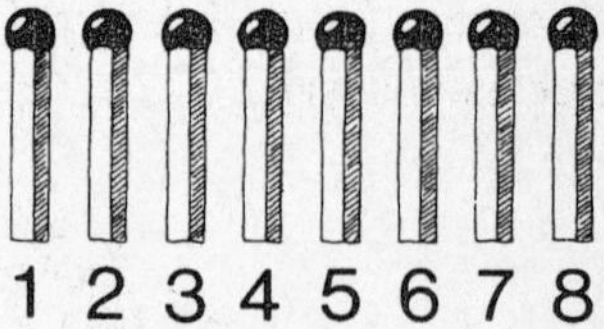

35 Das Holzkreuz

Lege acht Zündhölzer in zwei Reihen zu je vier Hölzern auf den Tisch. Kannst du jetzt vier Hölzchen so verschieben, daß ein regelmäßiges Kreuz entsteht?

36 Das Gitter

Aus diesem Gitter darfst du nur zwei Zündhölzer entfernen, damit drei Quadrate entstehen.

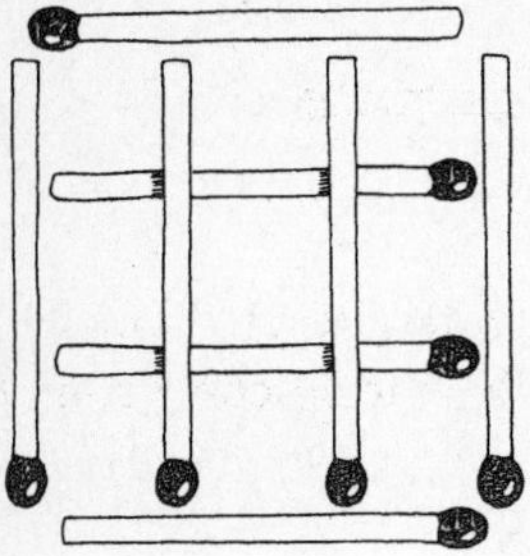

37 Die Brücke

Wenn du sehr viel Zeit und Lust hast, kannst du dich ja einmal als Zündholzbrückenbauer versuchen! – Um die Brücke zu errichten, brauchst du 18 Hölzchen. Und gute Nerven. Klar, daß der Einsatz von Klebstoff hier nicht gestattet ist!

38 Gläserhaus

Hier siehst du zwei Weingläser aus insgesamt zehn Zündhölzern. Wenn du vier Hölzchen richtig umgruppierst, verwandeln sich die Gläser in ein Haus.

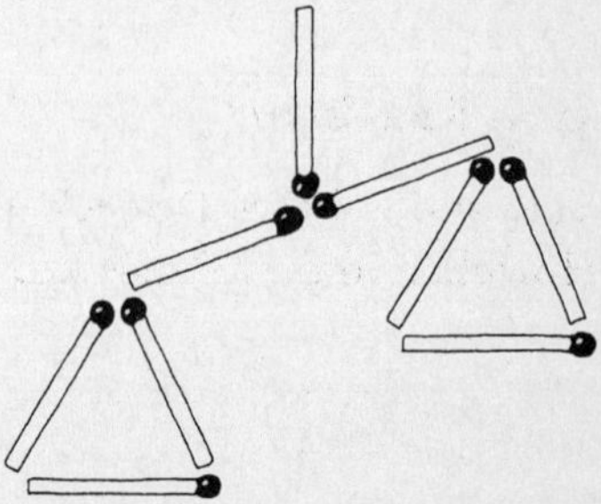

39 Die Waage

Lege aus neun Zündhölzern eine Waage, die nicht im Gleichgewicht ist. Wenn du sechs Hölzer davon anders legst, kommt sie ins Gleichgewicht!

40 Holzquadrate

Lege wie in der Abbildung acht Quadrate aus 22 Zündhölzchen. Ordne jetzt zwei Hölzer so um, daß nur noch sieben Quadrate übrig sind.

41 Schiebung

Verwandle dieses Dreieck allein durch Verschieben der Hölzchen in drei Dreiecke!

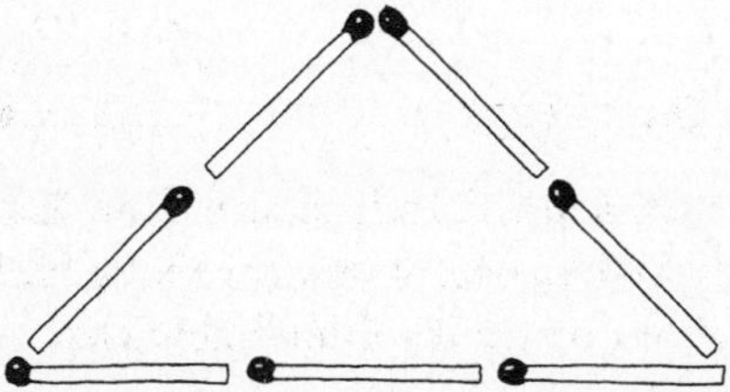

42 Vier, drei, zwei Quadrate

Es ist kein Kunststück, mit 12 Zündhölzern vier Quadrate zu legen. Doch jetzt wird's schwieriger:

a) Mache aus den vier Quadraten drei, ohne ein Hölzchen zu entfernen.
b) Nimm von den vier Quadraten zwei Hölzchen weg, so daß nur noch zwei Quadrate vor dir liegen.

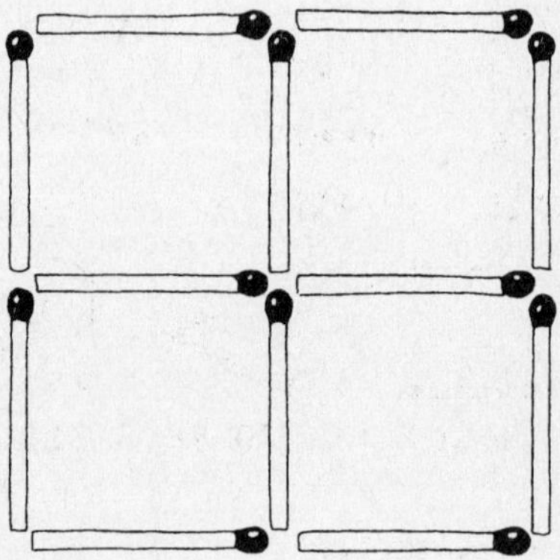

43 Merkwürdig

Entfernst du vier Zündhölzchen, entsteht aus diesem merkwürdigen Gebilde eine Form des Zusammenlebens.

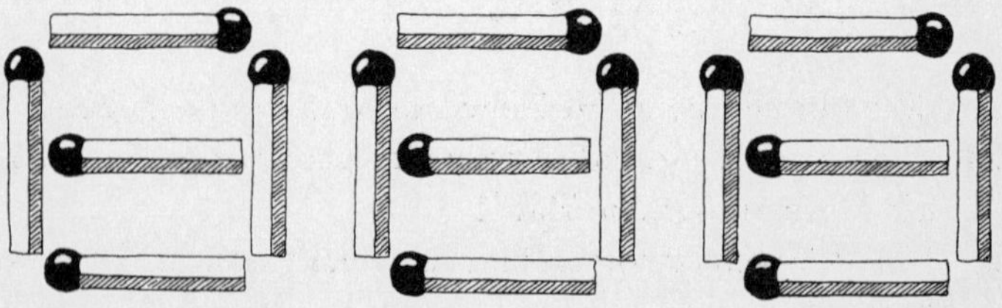

44 Die alten Römer

Wenn du die römischen Ziffern noch nicht kennst, hier sind sie auf einen Blick:

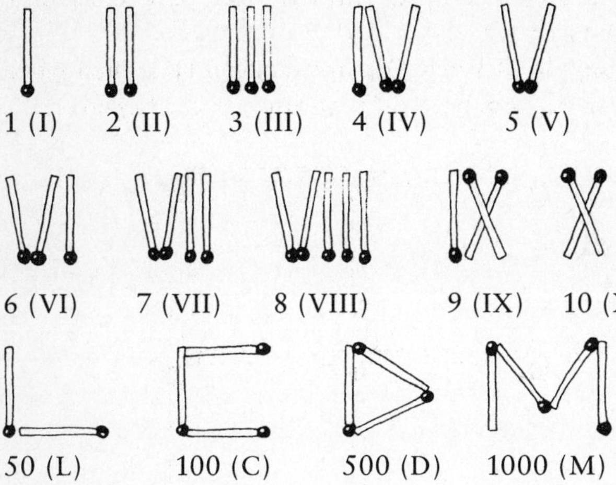

Und nun kann es losgehen:

a) Wie werden aus vier Hölzchen 1000?
b) Hier liegen drei Zündhölzer. Legst du noch zwei dazu, so gibt das acht.

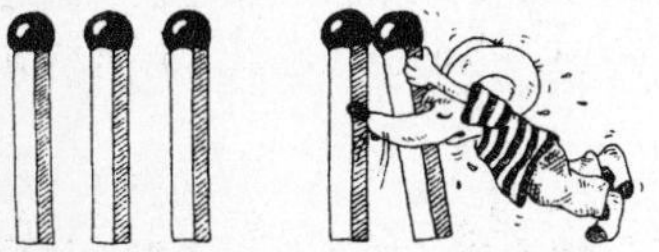

c) Wie können neun Hölzchen dreimal vier ergeben?
d) Lege aus vier Zündhölzern die größtmögliche und die kleinstmögliche Zahl!
e) Wie können zwölf Hölzchen sechsmal fünf ergeben?

45 Der umgelegte Kahn

Kannst du durch Umlegen von vier Zündhölzern aus diesem Kahn ein Tier machen?

Wenn du's geschafft hast, darfst du dich ausruhen.

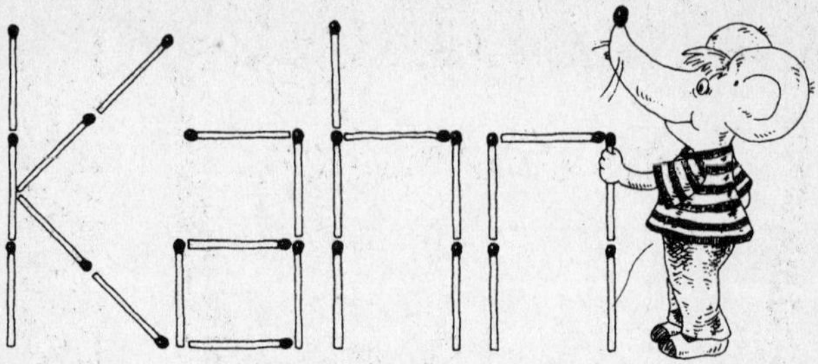

Scherzfragen
zum Ausruhen

1. Warum lachen kleine Leute immer beim Fußballspielen?
2. Was ist das: wenn die Kuckucksuhr zwölfmal schlägt und zur gleichen Zeit das Fenster zufliegt?
3. Was ist Kunst?
4. Warum hebt der Storch ein Bein, wenn er sich ausruhen will?
5. Was ist der Unterschied zwischen einem Bäcker und einem Teppich?
6. Welches Abführmittel ist eisenhaltig?
7. Was macht man, wenn man in der Wüste eine Schlange sieht?
8. Wie kommt eine Ameise über den Fluß?
9. Es ist schwarz und klein, hüpft auf der Wiese herum und schreit: »Au, au, au!«

**Die Lösungen
zu diesem Kapitel
findest du
auf Seite 211.**

10. Wie fangen alle schottischen Kochrezepte an?

11. Zehn Schornsteine plus fünf Schornsteine plus acht Schornsteine minus sieben Schornsteine. – Was kommt da heraus?

12. Warum kann man eine Maus nicht melken?

13. Warum hat der Elefant rote Socken an?

14. Warum schwimmt der Elefant auf dem Rücken?

15. Wie nennt man volkstümlich einen Hersteller von Waschbecken?

16. Was macht man, wenn in der Wüste plötzlich ein Löwe und ein Jaguar vor einem stehen und man nur noch eine Patrone im Lauf hat?

17. Wann fällt ein Butterbrot nicht auf die bestrichene Seite?

18. Wie lieben sich Stachelschweine?

19. Was ist ein Pessimist?

20. Wozu hat ein Polizeiauto oben zwei Öffnungen?

21. Was ist der Unterschied zwischen einem Klavier und einem Eichhörnchen?

22. Was ist der Unterschied zwischen einem zweispännigen Ochsenwagen und einer Zigarette?

23. Was gibt es in der Sahara?

24. Was steht auf der Wiese, ist blau und macht quak?

25. Was war 2,70 Meter hoch, hatte 14 Beine und machte einen irren Krach?

26. Was ist drei hoch eins (3^1)?

27. Was ist der Unterschied zwischen einem Polizisten und Schokolade?

28. Was passiert mit einem Engel, wenn er in einen Misthaufen fällt?

29. Warum gibt es keine blauen Nilpferde?

30. Sage einen Satz, in dem dreimal hintereinander »der« vorkommt.

31. Was denkt ein Schornsteinfeger, wenn er über einen Zebrastreifen geht?

32. Was ist der Unterschied zwischen einem Chemiker und einer Hebamme?

33. Was ist grün und schwingt sich von Ast zu Ast?

34. Ein Bayer und ein Ostfriese stehen auf dem Eiffelturm. Sie wollen sich gemeinsam das Leben nehmen und springen herunter. Wer kommt wohl als erster unten an?

35. In welchem Fall ist 2 mal 2 gleich 6?

36. Wie unterscheidet man
    a) ein Eichhörnchen von einem Bleistift?
    b) zwei Eichhörnchen von einem Bleistift?
    c) drei Eichhörnchen von einem Bleistift?

37. Wie wertet man eine Deutsche Mark auf?

38. Was ist der Unterschied zwischen Kaugummi und einem Flugzeug?

39. Wie heißt der Vorname vom Reh?

40. Was entsteht, wenn zwei Tausendfüßler sich umarmen?

41. Warum haben Elefanten rote Augen?

42. Welche drei Wörter machen jeden Hai glücklich?

1 Apfeltrick mit Herz

Wenn ihr zu Hause einen Garten mit einem Apfelbaum habt, kannst du deine Eltern, Großeltern oder Geschwister mit einem sehr schönen Trick überraschen. Und der geht so: Wenn die Äpfel noch grün sind, klebst du kleine Schablonen aus Papier auf die Früchte – zum Beispiel Herzen, die Anfangsbuchstaben von Vornamen und Nachnamen, Sterne, Schweinchen –, was immer dir in den Sinn kommt. Wenn die Äpfel rot und reif werden, pflückst du sie und ziehst deine Papierschablonen ab.

Die Stellen darunter sind grün geblieben und auf dem roten Apfel deutlich zu sehen. Ein tolles Geschenk, das dir so leicht keiner nachmacht! – Ist die Saison regnerisch, mußt du allerdings aufpassen, daß deine Zettel nicht abfallen!

2 Die Bleistiftbrosche

Auch mit Bleistiftstummeln, die so klein sind, daß man schon nicht mehr mit ihnen schreiben kann, läßt sich noch was anfangen: Wie wär's zum Beispiel mit einer Anstecknadel aus Bleistiftstummeln?

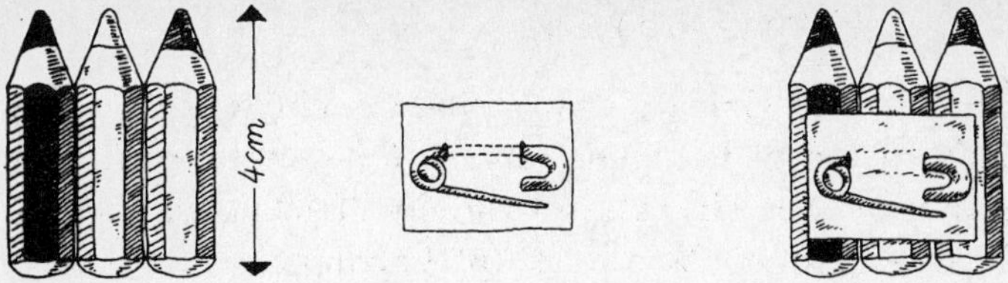

Du klebst die Stummel mit Holzleim aneinander, stichst eine Sicherheitsnadel durch ein Stück Klebefilm (Pflaster tut's auch) und klebst die Haftfolie auf die Rückseite der »Brosche«. Ein Supergeschenk – nicht nur für geizige Verwandte, denen du mit deiner Sparsamkeit imponieren willst.

3 Das Einmanntheater

Du mußt deine Hand ja nicht immer nur bemalen, wenn du einen »Spickzettel« brauchst. Auch ein kurzweiliges Einmanntheater bietet sich an, bei dem du ganz allein Regisseur und Schauspieler bist. Und außerdem kannst du noch zuschauen! Zur Anregung: Unten siehst du eine weihnachtliche Szene. An Ostern dagegen solltest du auf Hasen zurückgreifen.

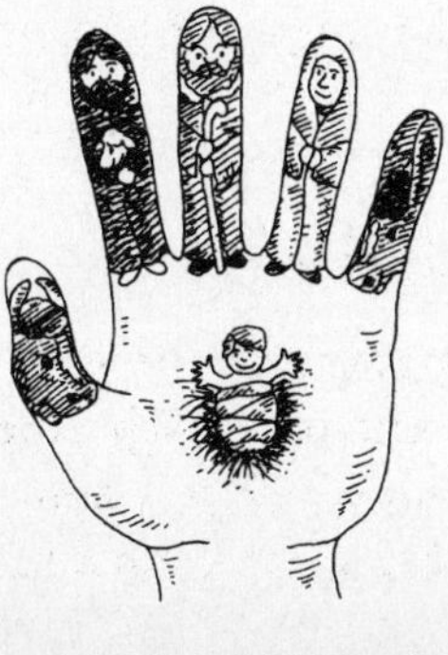

4 Keine Rose ohne Dornen

Vielleicht erlaubt es dein Taschengeld, daß du dich gelegentlich mit Rosen beliebt machst. Die Zeichnung zeigt dir, wie du die Rose elegant überreichen kannst, ohne dich in Lebensgefahr zu bringen...

5 Die Gruselnadel

Mit einer (bearbeiteten) Sicherheitsnadel kannst du dein Publikum das Gruseln lehren, wenn du dir die Nadel durch den Finger stichst! Vorher hast du jedoch mit einer Zange aus dem festen Teil der Sicherheitsnadel ein Stück von etwa 1 Zentimeter herausgezwickt. (Den beweglichen Teil der Nadel solltest du in der Halterung kräftig festklemmen oder festklopfen, damit er nicht herausrutschen kann). Nun brauchst du nur noch den Finger in die Lücke zu stecken – und das Ganze sieht wirklich zum Fürchten aus!

6 Die eßbare Kerze

Du hast ein Kistchen mit Kerzenresten. Plötzlich greifst du einen solchen Kerzenstummel, zündest ihn an und – ißt ihn auf!

Der Trick geht so: Unter die echten Kerzenreste hast du eine »Fälschung« geschmuggelt, die du aus einem Stück Apfel formgerecht zugeschnitten hast. Der »Docht« besteht aus einem Stückchen Nuß. Da Nüsse Öl enthalten, kannst du diesen »Docht« kurz entzünden. Keine Angst: Die kleine Flamme geht in deinem Mund sofort aus, wenn du ihn schließt!

Du wirst deine Freunde aber auch dann verblüffen, wenn du »nur« eine Kerze verspeist, mitsamt ihrem Docht. Du schneidest sie wieder aus einem Apfel oder einer Birne zurecht und läßt einfach den Stiel als Docht stehen. (Du kannst ihn ja ausspucken...)

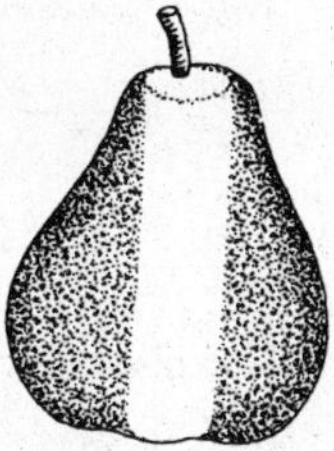

7 Die Schlangenzunge

Warum bastelst du dir nicht mal eine Giftschlangenzunge? Das geht schnell und ganz einfach mit Wurstaufschnitt oder gekochtem Schinken. Und hinterher kannst du deine Schlangenzunge auch noch aufessen.

8 Ein unzertrennliches Paar

Du willst nicht, daß dein Bruder so oft weggeht? Dann mach ihn doch mal darauf aufmerksam: Nimm dir seine Schuhe vor, und verbinde das Paar mit den Schnürsenkeln so wie auf dem Bild. Vielleicht ändert er ja seinen Entschluß und bleibt zu Hause.

9 Auch eine Erziehungsmethode

Ärgerst du dich manchmal über deine kleine Schwester, die mit guten Worten nicht davon zu überzeugen ist, daß Nasebohren unfein und wenig damenhaft ist? Nun, es gibt eine gute Methode, Nasenbohrer zu »erziehen«. Du zeigst deiner Schwester die beiden abgebildeten Punkte und sagst: »Lege deinen linken Zeigefinger auf den schwarzen Punkt und den rechten Zeigefinger auf den weißen Punkt. Und jetzt die Finger nicht bewegen!« Wetten, daß die Kleine dann nicht in der Nase bohrt?

10 Der Butterfreund

Vielleicht liegt es dir sehr am Herzen festzustellen, ob dein Freund Butter mag oder nicht. Pflücke einfach eine Butterblume (Löwenzahn), falls gerade Frühling ist, und streich dem Freund mit der Blüte über die linke Wange. Wenn seine Haut gelb wird, ist er ein Butterliebhaber. Wenn nicht, ist er keiner. (Ist doch logisch, oder?)

11 Alte und junge Kühe

Du kannst zwar Hafer und Gerste, Roggen und Weizen nicht voneinander unterscheiden, aber was macht das schon, wenn du die Familie bei einem Spaziergang mit deinem Wissen über Kühe verblüffst.

Um das Alter eines Pferdes festzustellen, muß man ihm das Maul öffnen und seine Zähne begutachten, das weiß jeder. Und wie ist das bei den Kühen?

Wenn euch am Weidezaun wieder mal ein paar Kühe beäugen, fragst du scheinheilig: »Wie alt mögen die wohl sein?« – Jeder rät nun herum, doch nichts Genaues weiß man nicht. Da behauptest du selbstbewußt: »Die schwarzweiße Kuh links ist 5 Jahre alt! Die daneben 7, die dahinter 2!« Wie kommst du zu der – richtigen! – Aussage?

Du zählst einfach die Ringe am Ansatz des Kuhhorns und rechnest 2 hinzu. Dann hast du das Alter der Kuh! Ein Beispiel: 3 Ringe + 2 = 5 Jahre.

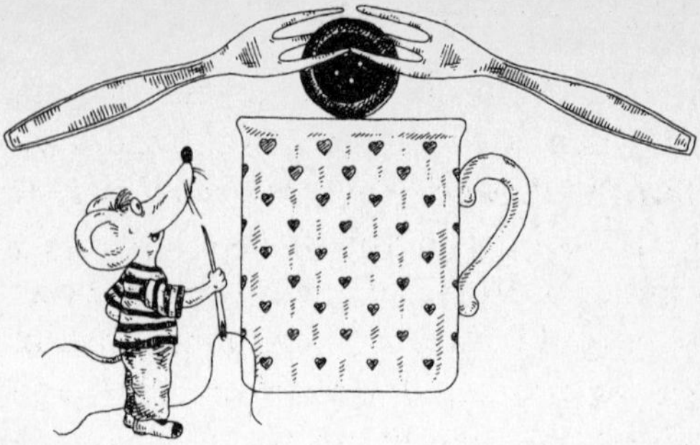

12 Auf der Kippe

Bestimmt glaubt dir niemand, wenn du behauptest, du könntest einen Knopf mit dem äußeren Rand auf einen Tassenrand legen, ohne daß der Knopf runterfällt. Aber mit diesem Trick ist es möglich (du mußt nur etwas üben): Du schiebst zwei Kuchengabeln über den Knopf – wie abgebildet. Danach bringst du das Gabel-Knopf-Gebilde auf dem Tassenrand vorsichtig ins Gleichgewicht!

13 Das gepfefferte Wasser

Schütte etwas Pfeffer in ein Glas Wasser, und bitte einen Freund oder eine Freundin, den Zeigefinger in die Flüssigkeit zu tauchen. Der Pfeffer bleibt wie angehext am Finger kleben. Nun tauchst auch du deinen Finger in das Pfefferwasser. Nanu? An deinem Daumen ist kein einziges Körnchen zu sehen!

Und das ist der Trick: Du hast deinen Finger vorher (heimlich) mit flüssigem Glasreiniger angefeuchtet. Die Pfefferstäubchen fliehen förmlich vor der Flüssigkeit und deinem Finger. Ein hervorragender Trick, um risikolos Wetten einzugehen!

14 Kopf an der Wand

Du stellst einen Stuhl mit dem Rücken vor eine Wand (laß dabei einen kleinen Abstand). Nun forderst du einen »starken« Erwachsenen auf, sich vor den Stuhl zu stellen und sich leicht vorzubeugen, so daß die Stirn an der Wand ruht. Bitte ihn, die Rückenlehne zu umfassen und den Stuhl ein paar Zentimeter hochzuheben. Danach soll er sich gerade aufrichten. Das jedoch wird ihm zu seiner Überraschung nicht glücken! (Der Stuhl muß natürlich in der Schwebe bleiben und darf nicht auf den Boden zurückgestellt werden!)

15 Der Turm

Du brauchst sechs Würfel und ein Zehnpfennigstück. Baue die Würfel zu einem Turm auf, und lege die Münze genau in die Mitte, zwischen die oberen und die unteren drei Würfel. Frage: Wie kannst du den Groschen aus dem Turm holen, ohne die Würfel zu berühren oder den Turm umzuwerfen?

Und so funktioniert's: Suche dir einen Kugelschreiber mit Knipsautomatik. Drücke den Knopf ein, der die Mine herauspreßt, und führe die Kugelschreiberspitze an die Münze heran. Nun drücke auf den Knopf: Das Geldstück wird aus dem Turm herausgeschossen, ohne daß er umfällt! (Du solltest allerdings ein paarmal üben, bevor du Wetten abschließt!)

16 Alles in der Schwebe

Du hast drei Wassergläser, drei Messer, eine Flasche und stehst vor folgendem Problem: Wie kannst du die Flasche »schweben« lassen, ohne daß sie den Tisch oder die Gläser berührt? Übrigens müssen die Gläser mindestens eine Messerlänge voneinander entfernt sein.

Auf der Zeichnung siehst du, wie der Trick funktioniert: Du stellst die Flasche einfach auf die in der Mitte gekreuzten Messer – und die genannten Bedingungen sind hundertprozentig erfüllt!

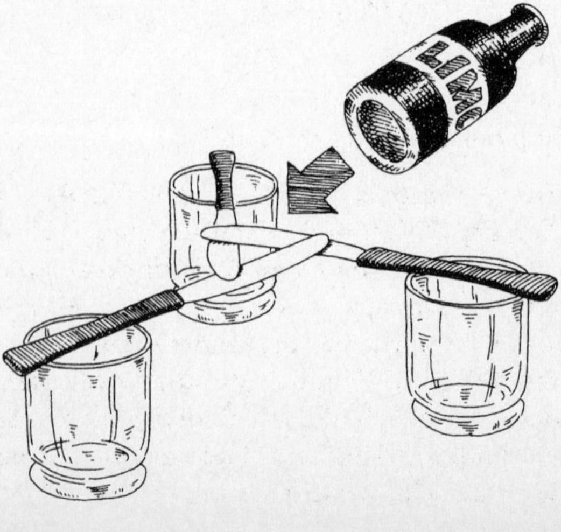

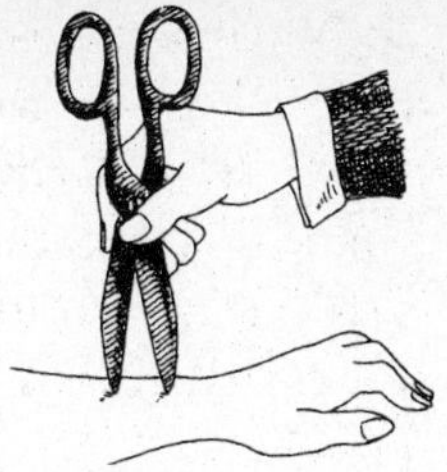

17 Spitze!

Bitte einen Freund, die Augen zuzumachen. Öffne eine Schere genau 3 Zentimeter weit und berühre mit beiden Spitzen gleichzeitig (und ziemlich fest) seinen Unterarm. Der Freund wird bestimmt auf die Frage, wie viele Spitzen er fühlt, reinfallen. Denn mit Sicherheit spürt er auf dem nicht so empfindlichen Unterarm nur eine Spitze!

18 Wie viele Bleistifte sind es?

Bitte einen Freund oder eine Freundin, fest die Augen zu schließen und Zeige- und Mittelfinger einer Hand zu kreuzen. Bewegst du nun einen Bleistift vorn zwischen den gekreuzten Fingern so auf und ab, daß er beide Fingerspitzen berührt, hat der andere das Gefühl, es wären zwei Bleistifte. Nimmst du aber zwei Bleistifte und bewegst sie gleichmäßig auf den äußeren Seiten der gekreuzten Fingerspitzen auf und ab, glaubt der andere, es wäre nur ein Bleistift!

19 Die Zwangsaussage

Wetten, daß du jemanden dazu bringen kannst, »rot« zu sagen – ob er will oder nicht? Am besten fängst du an, nach der Farbe verschiedener roter Gegenstände im Raum zu fragen. Dein »Opfer« gibt sich alle erdenkliche Mühe, des Wort »rot« nicht auszusprechen.

Dann stellst du eine Frage, auf die der andere mit »blau« antworten muß, worauf du sagst: »Verloren! Du hast ›blau‹ gesagt!« Natürlich wird sich dein Freund wehren: »›Blau‹ durfte ich ja sagen, nur ›rot‹ nicht!«

Und jetzt kannst du dir zufrieden die Hände reiben, denn du hast gewonnen.

20 Das umgedrehte Glas

Kann einer deiner Freunde ein volles Glas, das bis an den Rand mit Wasser gefüllt ist, umgekehrt tragen, ohne das Wasser zu verschütten? Wahrscheinlich nicht! Trotzdem geht es...

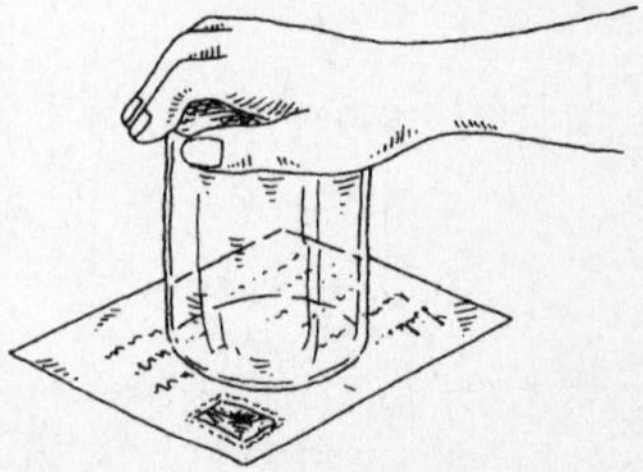

Du legst eine Postkarte fest auf den Glasrand, hältst sie mit einer Hand fest und stülpst das volle Glas um. Keine große Kunst... Doch nun nimmst du die Hand unter der Postkarte weg – sie bleibt trotzdem am Glasrand »kleben«, und kein Tropfen Wasser fließt heraus!

21 Münze auf Münze

Ganz bestimmt ist keiner deiner Freunde in der Lage, zwei Münzen Kante auf Kante zwischen Daumen und Zeigefinger zu halten.

Ohne Hilfskonstruktion wird dieser Trick beim besten Willen auch nicht gelingen!

So sieht die hinter den Münzen unsichtbare »Zündholzkrücke« aus, mit der du die anderen austricksen kannst:

Nichts für Leute
mit zittrigen Fingern!

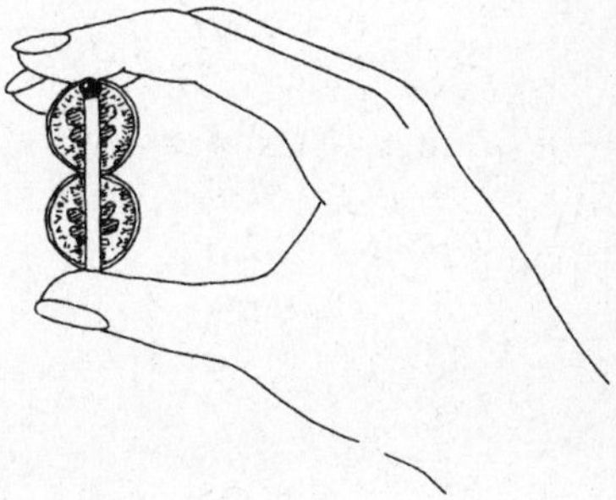

22 Der festgezauberte Pfennig

Du legst einem deiner Zuschauer einen Pfennig in die Handmulde. Ein zweiter bekommt eine Kleiderbürste, und du behauptest, daß er es nicht schafft, den Pfennig aus der Hand herauszubürsten. Er versucht gewiß nach Kräften, deine Behauptung zu widerlegen. Doch er wird immer wieder über die Vertiefung in der Mitte des Handtellers hinwegbürsten und den Pfennig nicht erwischen!

23 Das Geld auf der Kante

Du gibst jemandem einen 10-Mark-Schein und ein 10-Pfennig-Stück. Der andere soll jetzt das Geldstück auf der Kante des Scheins balancieren. Hilfsmittel sind nicht erlaubt!

Es gelingt nur mit einem Trick: Falte den Schein wie eine Ziehharmonika. Das 10-Pfennig-Stück kann dann bequem darauf liegen!

24 Der vertrackte Knoten

Ein Bindfaden von etwa 40 Zentimeter Länge liegt auf dem Tisch. Wer kann einen Knoten hineinmachen, während beide Hände je ein Fadenende festhalten? Loslassen ist natürlich verboten!

So geht's: Bevor du die Fadenenden ergreifst, verschränkst du beide Arme vor der Brust. Wenn du sie auseinander nimmst, bildet sich der Knoten von ganz allein.

25 Flasche umpusten

Eine volle Bierflasche kann bestimmt kein Mensch umpusten, wenn sie aufrecht auf dem Tisch steht. Laß es deine Freunde mal versuchen!

Aber du kennst einen Kniff: Wenn du eine leere Tüte unter die Flasche legst und dann kräftig in die Tüte bläst, fällt die Flasche garantiert um!

26 Flugkunst

Wer kann sich fünf Papierkügelchen auf die Handfläche legen und sie wegpusten – aber eins nach dem anderen?

Es geht nicht…? Doch!

Jedesmal, wenn du ein Kügelchen von der Hand pustest, hältst du die anderen einfach fest.

27 Gedankenübertragung?

Du bittest einen Freund, in einer entfernten Ecke oder sogar in einem Nebenzimmer irgend etwas auf einem Zettel zu notieren. Dann behauptest du, du könntest im selben Moment das gleiche auf einen Zettel schreiben. – Dein Freund verkrümelt sich also und schreibt seinen Satz auf. Ihr vergleicht eure Zettel. Auf deinem steht »das gleiche«!

28 Durch eine Postkarte krabbeln

Keiner deiner Freunde wird dir abnehmen, daß du durch eine Postkarte kriechen kannst. Doch mit diesem Trick schaffst du's: Du faltest die Karte in der Mitte zusammen. Dann schneidest du sie ein und machst dabei immer abwechselnd einen Schnitt vom Kniff zum Rand (Vorsicht! Nicht durchschneiden!), dann einen Schnitt vom Rand zum Kniff usw. Zuletzt wird der Knick in der Kartenmitte vom ersten bis zum letzten Einschnitt aufgeschnitten. Nun ist aus der Postkarte ein weiter Papierring geworden, durch den du ohne Probleme hindurchsteigen kannst!

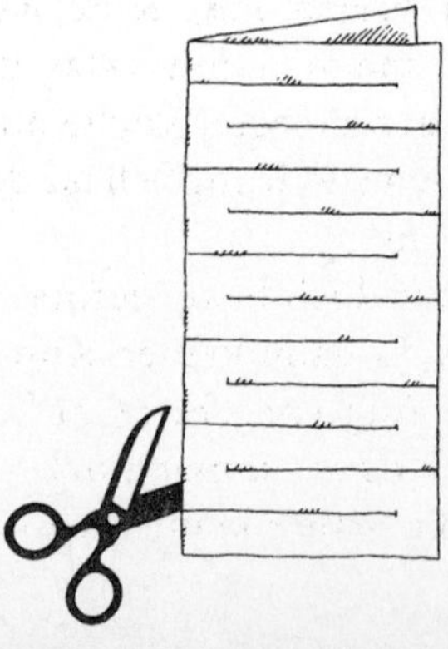

29 Wetten, daß...

a) »Wetten, daß du deinen Mantel nicht allein ausziehen kannst?«
Es geht wirklich nicht, wenn der Frager im gleichen Moment auch seinen Mantel auszieht.

b) »Wetten wir, daß ich deine Faust öffnen kann, ohne dir weh zu tun?«
»Glaube ich nicht!«
»Mach mal eine Faust... aber den Daumen mußt du herausnehmen.«
Und damit hat der andere schon seine Faust geöffnet. Die Wette ist gewonnen.

c) »Kriech mal unter den Tisch. Wetten, daß du wieder hervorkommst, bevor ich dreimal mit der Faust auf den Tisch gehauen habe?«
Der Frager läßt seine Faust zweimal niedersausen und meint dann: »Das dritte Mal schlage ich erst wieder nächste Woche auf den Tisch.«

d) »Wie viele Knöpfe hast du an deiner Jacke?«
»Sechs.«
»Lauf doch bitte viermal um den Tisch. Wetten wir, daß du dann keinen Knopf mehr hast?«
Der Angesprochene läuft viermal um den Tisch, hat aber dann immer noch seine sechs Knöpfe an der Jacke – aber keinen Knopf **mehr.**

e) Ein paar Scherben liegen auf dem Boden.
»Gib mir eine Mark, dann trample ich mit nackten Füßen darauf rum.«
Er oder sie bekommt die Mark und tritt mit nackten Füßen auf die Münze.

f) »Wetten wir, daß du dieses Glas Limo nicht in einem Zug austrinken kannst?« – Der Gefragte schafft es doch ... aber: »Ich habe gesagt, in einem **Zug**, nicht hier im Zimmer!«

Rebusrätsel
zum
Ausruhen

Die Lösungen
zu diesem Kapitel
findest du
auf Seite 214.

Dein Grips ist auch weiterhin gefragt, wenn es jetzt heißt: Was verbirgt sich hinter den Rebusrätseln?

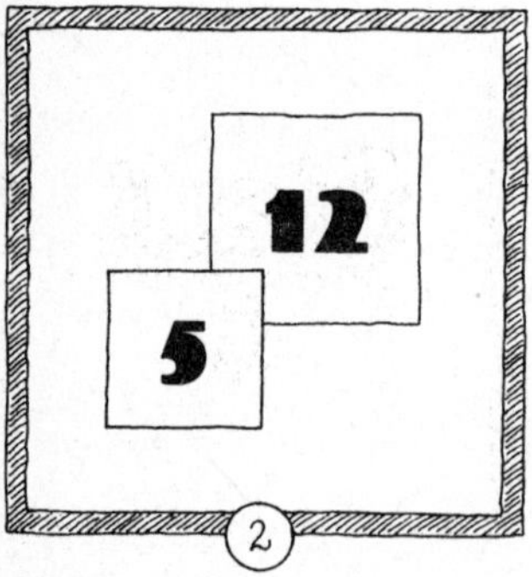

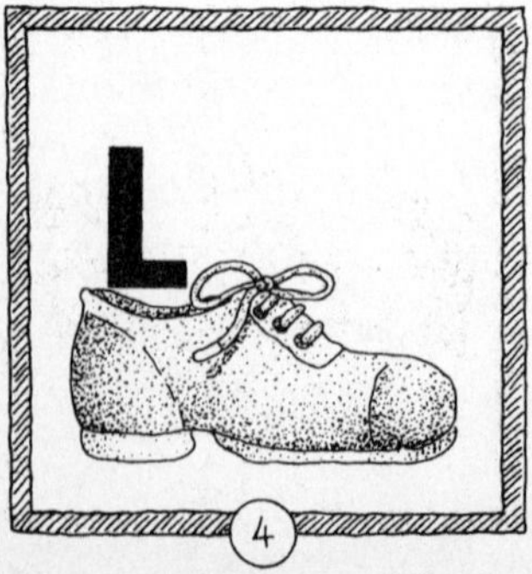

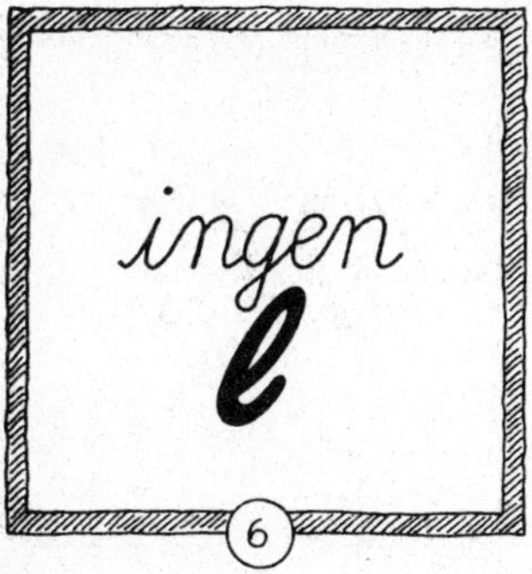
ingen
l
6

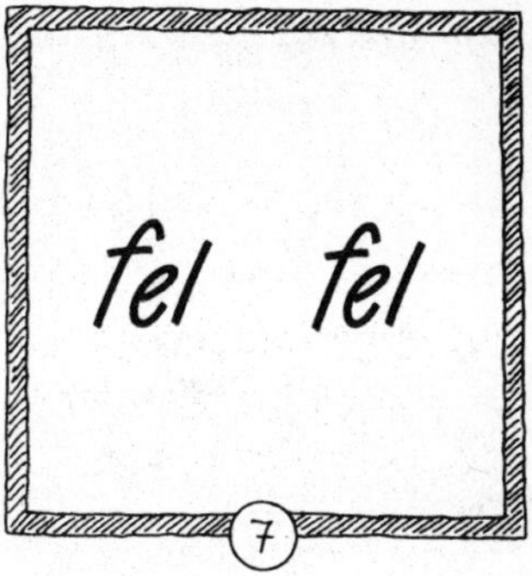
fel fel
7

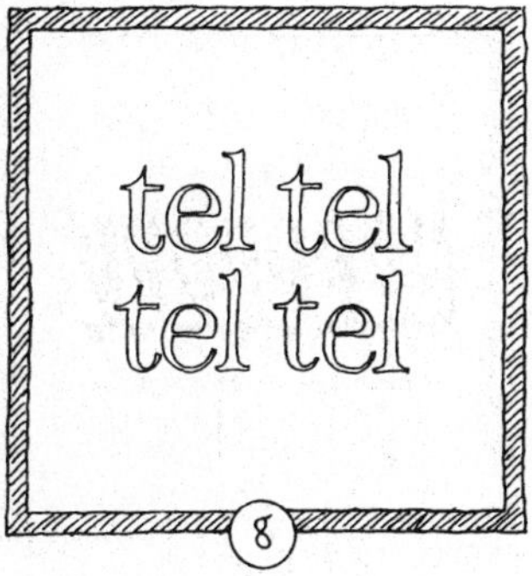
tel tel
tel tel
8

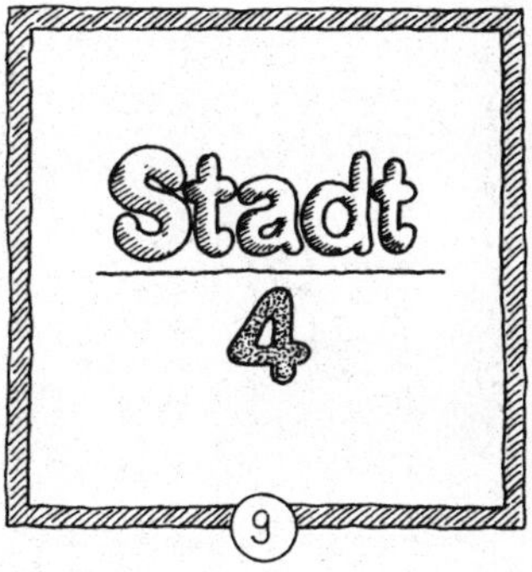
Stadt
4
9

D D D D D D D
heit
10

F n8
11

12

13

14

15

16

3 Hokuspokus – Zaubertricks

1 Drei oder sieben?

Du legst eine Zündholzschachtel auf den Tisch und behauptest, daß sie dir hellseherische Kräfte verleiht.

Bei der Vorführung des Tricks nimmst du zehn Hölzchen aus der Schachtel und bildest damit zwei Häufchen: eins mit drei und das zweite mit sieben Zündhölzern. Bitte einen Freund, schnell auf eins der beiden Häufchen zu tippen. Er deutet auf das Dreierhäufchen. Du bist nicht überrascht und sagst: »Das habe ich vorher gewußt.« Zum Beweis drehst du die Zündholzschachtel um. Auf dem Boden steht tatsächlich:

Und so funktioniert der Trick:

Die Schachtel enthält 17 Zündhölzer. Die Aufschrift »Du wirst drei wählen!« wird vorher auf die Unterseite der Schachtel geklebt und sorgfältig vor Blicken verborgen gehalten.

Bei der Vorführung nimmst du zehn Hölzchen aus der Schachtel. In der Schachtel sind dann also noch sieben. Das Häufchen mit den drei Hölzern schiebst du mög-lichst dicht an deinen Freund heran – so wird er es wahrscheinlich eher wählen als das entfernter liegende Siebenerhäufchen.

Tippt er wirklich auf das kleinere, sagst du: »Das habe ich vorher gewußt!« und zeigst die Unterseite deiner Schachtel mit der Aufschrift »Du wirst drei wählen!« vor.

Wählt dein Freund aber das größere Häufchen, sagst du auch: »Das habe ich gewußt.« Und dann: »Genauso viele Zündhölzer liegen in meiner Schachtel!«

Der Trick ist meist nur bei einmaliger Vorführung verblüffend. Bei Wiederholungen kommt man schnell auf deine Schliche!

2 Die verhexte Karte

Du zeigst eine Spielkarte vor, fährst mit der Hand über ihre Oberfläche – und plötzlich ist aus der Karte eine Zündholzschachtel geworden.

Wie du diesen Trick vorbereiten mußt, siehst du auf der Abbildung. Du klebst die Spielkarte auf eine aufgeschnittene Zündholzschachtel. Wenn du die Karte zeigst, liegt die Schachtel in deiner Handmulde verborgen. Nun streichst du mit der anderen Hand darüber und klappst die Schachtel so zu, daß die Aufschrift zu sehen ist.

Dieser Trick erfordert etwas Übung und Geschicklichkeit – deshalb vorher ein paarmal ausprobieren!

3 Das wandernde Gummiband

Das Bürogummi liegt über deinem Ringfinger und dem kleinen Finger. Deine Freunde sehen deine gestreckte Hand von außen.

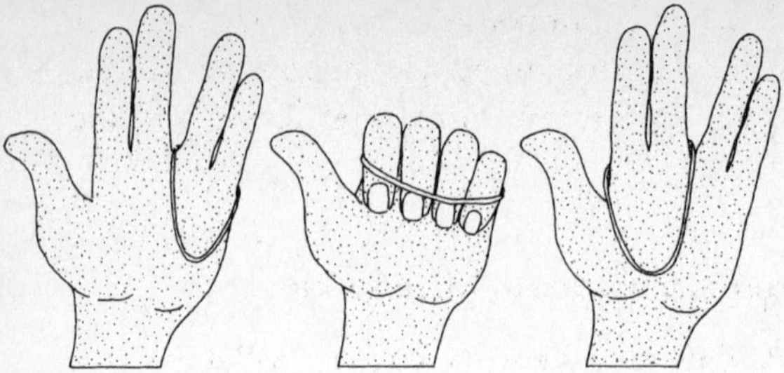

Du schließt die Hand langsam und steckst dabei alle vier Finger (mit Ausnahme des Daumens) unter das Gummi. (Von vorne sieht man das nicht.)

Jetzt läßt du die vier Finger blitzschnell nach oben schnappen: Das Gummiband liegt zur Verblüffung der Zuschauer plötzlich nicht mehr um den Ringfinger und den kleinen Finger wie zu Anfang, sondern um den Zeige- und Mittelfinger! Niemand merkt so schnell, warum das Gummi seine Position geändert hat, obwohl du die zweite Hand nicht zu Hilfe genommen hast!

4 Fingerspitzengefühl

Du hast soviel Fingerspitzengefühl, daß du unter drei gleichen Geldmünzen die herausfindest, die während deiner Abwesenheit von deinen Freunden mit einem (fast) unsichtbaren Geheimzeichen gekennzeichnet worden ist.

Der Trick funktioniert nur mit einem Komplizen: Während deine Freunde eines der Geldstücke markieren (z. B. mit einem kleinen Bleistiftpunkt), bietet dein Komplize sich an, die drei Münzen in einen Behälter zu legen, aus dem du die richtige herausangeln sollst. Er hält dabei die gekennzeichnete Münze besonders lange in der Hand. Du erscheinst, faßt in das Gefäß mit den Geldstücken und nimmst dasjenige heraus, das warm ist. (Vorher ausprobieren, wie lange eine Münze braucht, sich zu erwärmen, und wie lange sie die Wärme hält.)

5 Der undurchschaubare Kartentrick

Du behauptest, daß du erkennen kannst, welche Karte sich jemand aus einem kompletten Kartenspiel ausgesucht hat.

Danach läßt du 31 Karten eines Spiels mischen. Eine Karte muß verdeckt auf dem Tisch liegenbleiben. Vorher hast du sie bereits auffällig markiert.

Den gemischten Stapel legst du auf diese Karte, läßt abheben und eine Spielkarte auswählen, die du später erkennen sollst.

Die Karte kommt auf den eben abgehobenen Stapel (unter dem sich die markierte Karte **nicht** befindet).

Mit einer schnellen Bewegung packst du dann den ersten Stapel (zuunterst liegt deine markierte Karte) auf diesen Haufen. Damit ist klar: Die vom Publikum gewählte Karte muß die sein, die direkt auf die gezinkte Karte folgt. Mit möglichst viel geheimnisvollem Brimborium faltest du den ganzen Stapel fächerförmig auf und ziehst die Karte, die hinter der markierten kommt, aus dem Spiel. Natürlich ist es die richtige!

6 Das unzerbrechliche Zündholz

Du legst ein heiles Zündholz in die Mitte eines Taschentuchs. Dann faltest du das Taschentuch zusammen, fühlst nach, wo das Hölzchen liegt, zeigst es mit dem Tuch deinem Publikum (das Hölzchen darf sogar befühlt werden!) und läßt es dann – »knack« – von einem deiner Zuschauer zerbrechen. Einen Moment später wickelst du das Zündholz aus – und es ist unzerbrochen!

Und das ist der Trick bei der Sache: Du brauchst ein Taschentuch mit Saum. An einer Ecke wird der Saum so weit aufgetrennt, daß sich ein Zündholz hineinschieben läßt. Niemand kann es sehen. Dieses Zündholz wird zerbrochen! Du mußt nur scharf aufpassen, daß dein Zuschauer nicht das Hölzchen in die Finger bekommt, das heil bleiben soll.

7 Flammenzauber

Du zeigst deinen Zuschauern eine rote und eine weiße Kerze, die sie gern untersuchen können. Dann läßt du dir die Augen verbinden. Trotzdem kannst du »sehen«, ob anschließend die rote oder die weiße Kerze angezündet wird!

Schließlich hast du heimlich den Docht der weißen Kerze mit Spucke befeuchtet, bevor dir die Augen verbunden wurden. Zündet ein Zuschauer die weiße Kerze an, ist ein leises Knistern zu vernehmen. Wird die rote Kerze angesteckt, ist kein Knistern zu hören. Bei diesem Zauberkunststück muß natürlich alles mucksmäuschenstill sein...

8 Trotz Augenbinde

Du läßt deine Augen mit einem schwarzen Tuch verbinden. Ein Zuschauer mischt ein Spiel Karten und hebt mehrere Male davon ab. Danach bekommst du den gesamten Kartenstapel zurück. Du nimmst ihn in die linke Hand, mit der rechten ziehst du eine Karte, hältst sie deinem Publikum entgegen und nennst ihren Wert und ihre Farbe!

Und so kannst du die anderen hinters Licht führen: Beim Anlegen der Augenbinde achtest du darauf, daß die untere Kante des Tuchs mit der Nasenspitze abschließt. Dadurch ergibt sich ein kleines Sichtfeld, wenn du den Kopf ein bißchen hebst.

Wenn du dann das Kartenpäckchen mit der Bildseite nach oben den Zuschauern entgegenhältst, winkelst du den linken Arm ein wenig an. Du biegst das Päckchen etwas durch und drehst es leicht nach innen. So kannst du – mit einer gewissen Übung – die Ecken der Spielkarten trotz Augenbinde erkennen.

Aber wie gesagt: Auch hier macht erst Übung den Meister!

9 Das Rätsel um die Telefonnummer

Du läßt dir die Augen verbinden. Ein Mitspieler schreibt eine beliebige Telefonnummer auf einen 7 mal 7 Zentimeter großen Zettel. Du errätst die Zahl – obwohl der Zettel später gefaltet, zerrissen und verbrannt wird!

Der Reihe nach: Dein Freund schreibt die Zahl in einen Kreis (Durchmesser höchstens 2 Zentimeter), der genau in der Mitte des Papiers sein muß. Anschließend faltet er den Zettel einmal in der Mitte. Dann läßt du ihn den Zettel nochmals in der Mitte falten. Jetzt darfst du die Augenbinde abnehmen. Du zerreißt den Zettel zweimal – wieder jeweils in der Mitte. Achte vorher darauf, daß die geschlossene Kante oben ist und daß du

beim Zerreißen die rechte obere Ecke zwischen Daumen und Zeigefinger läßt.

Während dein Mitspieler die Schnipsel im Aschenbecher verbrennt, kannst du seelenruhig nach der Nummer sehen: Du hast das rechte obere Teilchen nicht in den Aschenbecher geworfen, sondern zwischen den beiden Fingern versteckt gehalten. Es ist genau der Mittelteil mit dem Kreis und der Zahl!

10 Hellsehen

Du bittest dein Publikum, dir verschiedene Wörter, Namen oder Zahlen zuzurufen, schreibst sie auf weiße Zettel und mischst diese anschließend sorgfältig durch. Dann läßt du jemanden einen Zettel in freier Wahl ziehen und vernichtest die restlichen Zettel. Jetzt – hokuspokus! – nennst du das Wort, das auf dem Zettel stehen soll. Der Zuschauer, der ihn gezogen hat, hält ihn hoch, und siehe da, es stimmt…

So wirst du zum Hellseher: Du schreibst auf ***alle*** leeren Zettel das ***erste*** Wort, das dir zugerufen wird. Die Zettel werden gemischt und mit der unbeschriebenen Seite nach vorn einem Zuschauer zum Ziehen hingehalten. Natürlich nennst du später das Wort, das auf dem gezogenen Zettel steht – wie auch auf allen anderen Zetteln. Aber da diese zuvor vernichtet wurden, kann das keiner mehr kontrollieren.

Die Beschriftung solltest du tunlichst nicht mit dickem, schwarzem Filzstift vornehmen, sondern mit dünnem Bleistift. Denn du wirst kaum wollen, daß dein Hellsehertrick »offensichtlich« wird.

11 Das Blumenwunder

Der Zauber beschwört eine einfache (dunkelgrüne) Weinflasche, und plötzlich wächst aus ihrem Hals langsam eine Blume heraus!

Willst du diesen Trick vorführen, so besorge dir eine Plastik- oder Stoffblume, die so schmal ist, daß sie gut durch einen Flaschenhals paßt. Sie muß außerdem weich und nachgiebig sein, damit du sie auch wieder durch den Flaschenhals nach oben ziehen kannst, ohne daß sie steckenbleibt.

Hast du eine geeignete Blume gefunden, bindest du unten an den Stengel einen schwarzen Zwirnsfaden, der – unsichtbar für dein Publikum – aus dem Flaschenhals herauskommt. (Am unauffälligsten ist das auf der vom Publikum abgewandten Seite der Flasche.)

Bei der Vorführung des Tricks ziehst du behutsam an dem Faden. Und die Blume wächst nun zur Verwunderung aller Zuschauer Blatt für Blatt und Blüte für Blüte aus der Flasche...

Ein kleiner Hinweis: Bei diesem magischen Wunder soll es weniger geübten Zauberern schon mal passiert sein, daß sie beim Ziehen am Faden gleich die ganze Flasche umgerissen haben. Das beeinträchtigt die Wirkung natürlich empfindlich!

12 Geldgeklapper

Große Verblüffung erzielst du mit folgendem Trick: Du stellst eine volle oder auch leere Bierflasche (oder Limoflasche) vor dich hin und legst ein Zehnpfennigstück über die Flaschenhalsöffnung. Dann umfaßt du den Flaschenhals mit beiden Händen und behauptest, der Groschen werde sich in Kürze leise klappernd hochheben, ohne daß du ihn berührst. Und das werde nicht nur einmal geschehen, sondern so lange du wolltest. Wetten, daß es dir niemand glaubt?

Bevor du den Trick vorführst, legst du die Flasche etwa fünf Minuten lang ins Tiefkühlfach eures Kühlschranks. Das Zehnpfennigstück tauchst du heimlich in einen Klecks Bier (beides merkt niemand). Die Flüssigkeit an der Münze wirkt nun als luftdichter Abschluß. Wenn du die warmen Hände um den eiskalten Flaschenhals legst, erwärmt sich die Luft im Flascheninneren und dehnt sich aus. Sie kann nur an der oberen Öffnung entweichen und hebt die Münze an. Wenn die Münze auf die Flaschenöffnung zurückfällt, wiederholt sich der Vorgang, solange warme Luft im Flaschehals vorhanden ist. Es funktioniert sogar noch eine ganze Weile, wenn du deine Hände schon fortgenommen hast. Das macht natürlich noch mehr Eindruck!

13 **Röntgenaugen**

Der Zauberer bekommt von seinen Zuschauern Briefumschläge mit Botschaften darin zugereicht. Nach ein paar gemurmelten Beschwörungen liest er durch die verschlossenen Kuverts vor, was auf den Zetteln steht.

Diese Zauberei ist so wirkungsvoll, daß sich die Vorbereitungsarbeiten bestimmt lohnen. – Du besorgst dir ein Fläschchen starken Spiritus oder reinen Alkohol, blaue Briefumschläge ohne Futter und Muster und leere weiße Zettel, die etwas kleiner als die Umschläge sind. Außerdem brauchst du ein bißchen Watte oder einen kleinen Schwamm. Verstecke das Fläschchen und

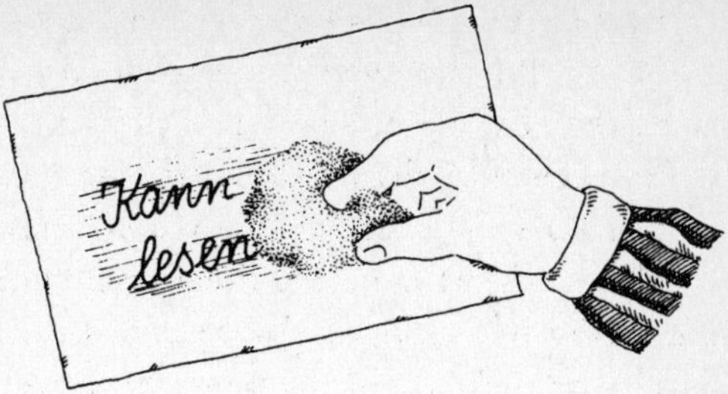

das Schwämmchen oder die Watte zwischen deinen Zauberutensilien, die du auf einem Tisch ausgebreitet hast (am besten hinter dicken Zauberbüchern oder einem kleinen Karton).

Nun geht die Vorführung los: Deine Zuschauer bekommen von dir je ein Kuvert, einen weißen Zettel und einen Bleistift. Jeder schreibt seine Botschaft (einen Satz, ein Wort, eine Zahl) auf den Zettel und steckt ihn so in den Briefumschlag, daß die Schrift zur Adressenseite zeigt. Die Umschläge werden zugeklebt und dem Zauberer überreicht. Damit dein Publikum nicht merkt, daß du nun mit dem in Spiritus oder Alkohol getauchten Schwämmchen über die Oberseite des ersten Umschlags streichst, mußt du natürlich ein paar Ablenkungsmanöver veranstalten. Reden und gestikulieren hat meistens den gewünschten Erfolg! Sobald der Umschlag feucht geworden ist, erscheint die Schrift des Zettels für dich gut sichtbar, und du kannst deinem total verblüfften Publikum den Inhalt vorlesen. Danach nimmst du die nächsten Kuverts in Angriff. Wichtig ist, daß du die Umschläge schnell befeuchtest und daß deine »Röntgenmittel« nicht erspäht werden können.

14 Der schwebende Zauberstab

Ein Zauberer, der sein Publikum einen Augenblick ablenken möchte, greift gern zu folgendem Trick: Er läßt seinen Zauberstab ein paar Sekunden frei an seinem Handgelenk schweben...

Wie das funktioniert? Der Trick ist folgender: Deine rechte Hand umfaßt dein linkes Handgelenk. Der ausgestreckte rechte Zeigefinger hält den Zauberstab bombensicher fest.

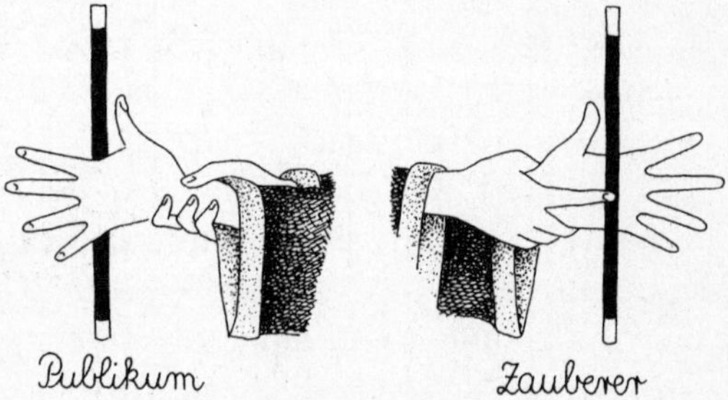

Den Trick kannst du natürlich auch mit anderen Gegenständen vorführen: Blumen, Stielgläsern, Kochlöffeln...

15 Kartenschnuppern

Aus mehreren auf dem Tisch ausgelegten Spielkarten »erschnupperst« du die Karte, die ein Zuschauer während deiner Abwesenheit kurz berührt hat!

Mit einem heimlichen Komplizen und dem folgenden Trick geht das ganz einfach: Die Karten werden von dir auf dem Tisch ausgelegt, und ihre Anordnung hat für dich und deinen Helfer eine wichtige und nur euch verständliche Bedeutung. Sie werden nämlich angeordnet wie ein Gesicht:

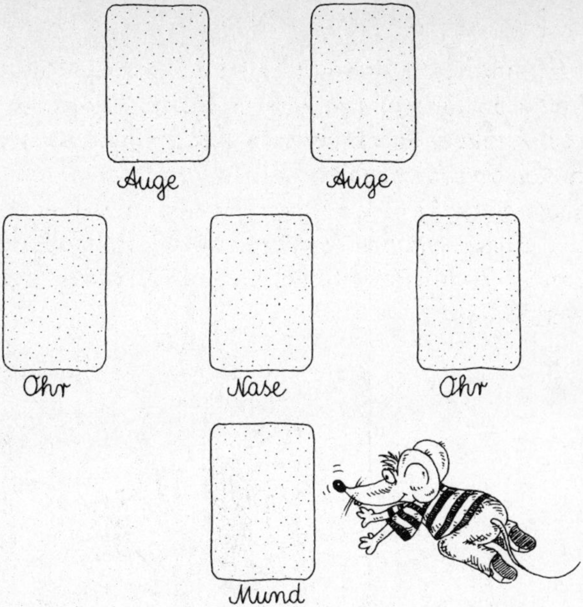

Hat einer der Zuschauer zum Beispiel die untere Karte (Mund) berührt, fährt sich dein Komplize unauffällig über die Lippen, wenn du das Zimmer betrittst. Danach beginnst du mit deinem »Schnupperhokuspokus« und hältst die Nase über jede Karte, ziehst die Luft ein, schüttelst unzufrieden den Kopf – bis du an die »Mund«-Karte kommst. Jetzt saugst du geräuschvoll die Luft ein, und mit zufriedenem Brummen verkündest du: »Nur diese Karte kann es sein, daß sagt mir mein magischer Riecher!« Die Verblüffung ist groß...

Vor einem muß hier allerdings gewarnt werden: vor der Verwechslung der linken und der rechten Augen und Ohren!

16 Die Befreiung

Du bindest einem Freund einen Bindfaden von etwa einem Meter Länge an beiden Enden locker um die Handgelenke. Dann läßt du dich ebenfalls fesseln. Dabei soll sich dein Bindfaden mit dem anderen überkreuzen.

Niemand wird nun glauben, daß du dich von deinem Freund »lösen« kannst, ohne die Bindfäden zu zerschneiden oder aufzuknoten!

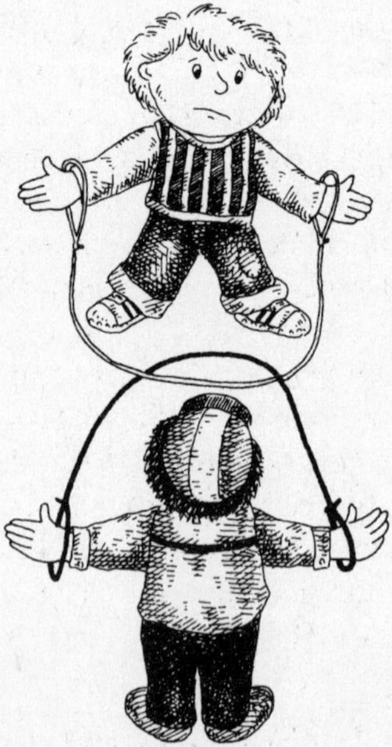

Trotzdem geht es: Du faßt die herunterhängende Fessel deines Freundes, führst sie an deinem Handrücken von unten durch die Schlinge hindurch, ziehst sie über deine Hand – und du und dein Freund, ihr seid wieder getrennt.

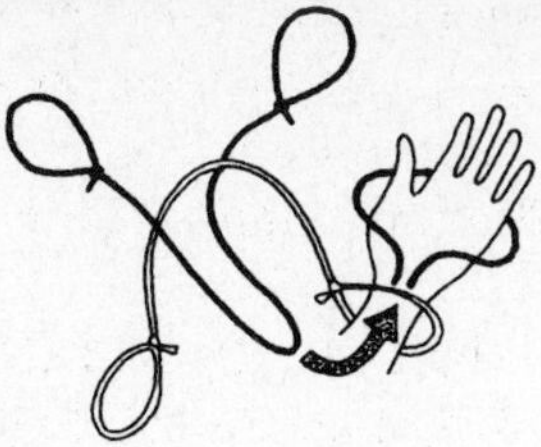

17 Das geheimnisvolle Kreuz

Du zeichnest mit einem Kohlestift (oder Holzkohlebrocken vom sommerlichen Grillen) ein Kreuz auf ein weißes Stück Papier. Den Zettel zeigst du herum und auch deine sauberen Hände. Danach verbrennst du das Blatt über einer Flamme und verreibst die Asche zwischen den Händen. Plötzlich erscheint das eben verbrannte Kreuz auf deiner Handfläche. – Wie ist das möglich?

Bevor du mit der Zauberei angefangen hast, hast du heimlich mit einem feuchten Stück Seife ein Kreuz in deine Handfläche gemalt. Wenn du die Asche zerreibst, bleibt sie an der Seife haften – das Kreuz erscheint dunkel auf der hellen Handfläche. Achte aber darauf, daß dein »Seifenkreuz« die gleiche Form hat wie das Kreuz auf dem Zettel!

18 Die Zahl aus dem Nichts

Du zeigst eine schwarze Schiefertafel, die auf beiden Seiten unbeschrieben ist. Dann wickelst du sie in einen weißen Papierbogen und hältst sie hoch. Einer deiner Zuschauer soll dir nun eine ein- oder zweistellige Zahl zurufen. In einem Augenblick höchster Spannung entfernst du den Papierbogen von deiner magischen Tafel – und auf der einen Seite steht klar und deutlich die Zahl, die der Zuschauer Sekunden zuvor genannt hat.

Der Trick gelingt, wenn du eine Hälfte des weißen Papierbogens vorher mit Kreide eingerieben hast. Diese Seite muß natürlich immer dir zugewandt sein. Beim Einwickeln kommt sie auf die Tafelrückseite, und zwar so, daß sich die Kreide abdrückt, wenn du die genannte Zahl mit dem Daumen blitzschnell auf das Einwickelpapier schreibst. Wenn das klappt, bist du Spitzenklasse!

RÄTSEL UND
BLÖDELEIEN
ZUM AUSRUHEN

1. Ein jeder Vogel hat's in seinem Nest,
im Kelch von jeder Blume sitzt es fest,
am Finger hat's das Mädchen wie der Bube,
in jeder Küche ist's, in jeder Stube,
es steckt in allen Kammern, allen Kellern,
in allen Krügen, Schüsseln, Tassen, Tellern,
du siehst's im Spiegel, hast es im Gesicht,
und nur in deiner Hand entdeckst du's nicht!

2. Das Wort ist als ein Tier bekannt,
das schreitet durch den Wüstensand.
Versieht man's mit zwei weit'ren Füßen,
siehst du es als Blume sprießen!

3. Mit G sitzt es im Grase
und singt, so gut es kann,
mit B sitzt's auf der Nase
dem Weibe wie dem Mann!

**Die Lösungen
zu diesem Kapitel
findest du
auf Seite 215.**

4. Welche Schuhe zerreißen nie an den Füßen?
5. Nach welchen Bergen sehnen sich die Wanderer?
6. Wo wird viel Heu gemäht?
7. Wer wünscht, einäugig zu sein?
8. Wer hat soviel Augen wie Tage im Jahr?

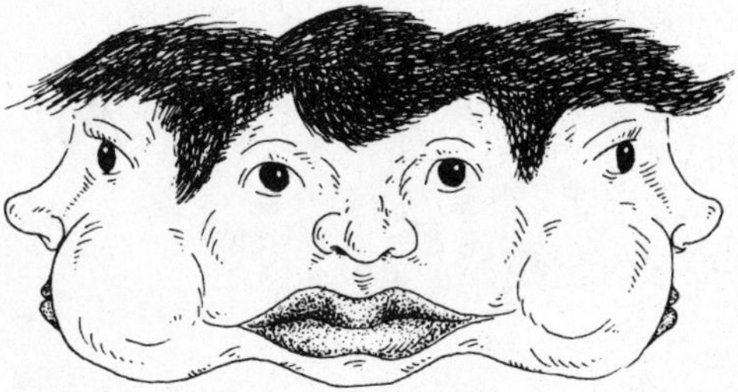

9. Was hat Beine, einen Rücken, aber kein Gesicht?
10. Ruft der Kuckuck vor Pfingsten oder nach Pfingsten?
11. Wer ist das? Sie hat keine Mutter und stammt von ihrem Mann?
12. Wo leben die Geizhälse am liebsten?
13. Was ist mitten in Basel.
14. Welche Menschen fallen verkehrt aus den Wolken?
15. Wer hat es beim Zubereiten bequemer, der Tee oder der Kaffee?

16. Welches fünfsilbige Wort ist vorwärts und rückwärts gleichbedeutend?

17. Was ist das? Man kann ihn nehmen, ihn gewinnen und ihn halten.

18. In Amerika wird ein Haus errichtet. Der Architekt verbaut 25 000 Tonnen Stahl und 60 000 Tonnen Beton. Um wieviel ist die Erde schwerer geworden?

19. Was hat Zähne, kann aber nicht beißen?

20. Was hat ein Auge, kann aber nicht sehen?

21. Welche Zeit ist es, wenn ein Elefant auf deinem Zaun sitzt?

22. Welcher Tor läuft um die Erde?

23. Was tragen Vater und Mutter in der Mitte, die Tochter vorne und die Braut hinten?

24. Welches ist das unangenehmste Tal?

25. Welches ist das angenehmste Tal?

26. Wie bringt man aus einem Schutzmann und einem Zahnarzt die Zahl 18 heraus?

27. Wer hat sein Herz im Kopf?

28. Wem verdanken Sonne und Sterne ihren Anfang?

29. Welches Wort wird immer falsch geschrieben?

30. Wo wächst besonders guter Wein?

31. Was läuft im Kreis und ist nicht rund?

32. Wer fliegt ohne Flügel?

33. Welchem Vogel kann man ein Siebtel nehmen, und es bleibt ein Achtel?

34. Was ist einen Fuß lang, einen Fuß breit und doch doppelt so lang wie breit?

35. Wieviel sind 2 Kronen und 2 Kraniche?

36. Wie viele Vögel gehen in einen 2 Meter langen Bauer?

37. Wieviel sind 2 und 1 Spitz?

38. Wie viele Hufnägel braucht ein gut beschlagenes Pferd?

39. Wie viele Erbsen gehen in ein Literglas?

40. Auch eine Rechnung

Ein Jahr hat .... 365 Tage
Du schläfst acht Stunden am Tag,
macht 122 Tage
bleiben .... 243 Tage
52 Wochenenden (2 Tage mal 52),
macht 104 Tage
bleiben .... 139 Tage
(Nur) 3 Wochen Ferien: 21 Tage
Oster-, Pfingst-, Weihnachtsfeiertage und
besondere Feiertage: zusammen 10 Tage
bleiben .... 108 Tage
6 Freistunden pro Tag: 91 Tage
bleiben .... 17 Tage
Täglich eine Stunde essen: 15 Tage
bleiben .... 2 Tage
Täglich eine halbe Stunde während
des Unterrichts schwatzen: 2 Tage
bleiben übrig .... 0 Tage!
Wann tust du eigentlich mal was???

4 Verblüffende Physik

1 Rotweiß

Spalte den Stiel einer weißen Blüte mit dem Messer, und stelle die eine Hälfte in ein Glas mit rotem Wasser, die andere Hälfte in ein Glas mit klarem Wasser.

Die Blume färbt sich zur Hälfte rot!

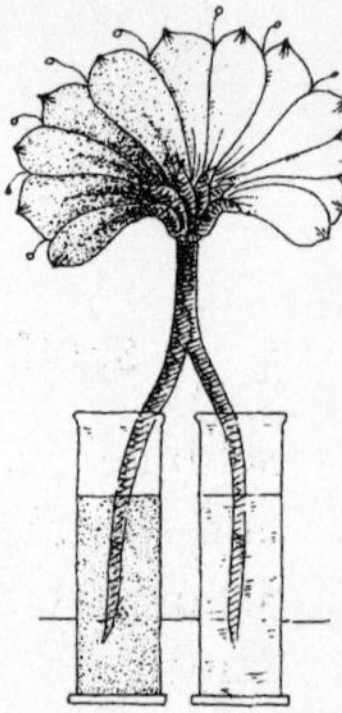

2 Das kann ins Auge gehen!

Drehe ein Papierkügelchen, und lege es vorn in den Hals einer leeren Flasche, die du waagrecht hältst. Du wirst dich wundern: Wenn du versuchst, die Kugel in die Flasche zu pusten, fliegt sie dir jedesmal ins Gesicht.

3 Schiffchen fahren

Schlitze drei Zündhölzer leicht mit dem Messer ein, und streiche in die Schlitze etwas weiche Seife. In einer Schüssel mit Wasser fahren die Zündhölzer herum wie Schiffe!

4 Das standhafte Zündholz

Lege zwei Holzkugeln oder Tennisbälle nebeneinander. Dicht dahinter stellst du ein Zündholz, das am unteren Ende in vier Teile geschnitten ist. (Diese werden so auseinandergebogen, daß das Hölzchen aufrecht stehen kann.) Jetzt rollst du eine dritte Kugel zwischen die beiden anderen Kugeln. Sie springen auseinander, und das Zündholz bleibt brav stehen! Wenn du dagegen die Mitte einer Kugel triffst, wird das Zündholz jedesmal umgeworfen!

5 Wer reagiert am schnellsten?

Willst du deine Reaktion testen? Das geht zum Beispiel mit einem 50 Zentimeter langen Lineal. Ein Mitspieler faßt das Lineal am oberen Ende, also an der 50-Zenti-

meter-Markierung. Du hältst deine Hand – halb geöffnet – unter das Lineal. Jetzt wird das Lineal überraschend losgelassen, und du versuchst, es mit der Hand zu fangen. Wie gut deine Reaktion ist, kannst du dann leicht ablesen. Manche fangen das Lineal bereits bei der 10-Zentimeter-Markierung (abgelesen wird am kleinen Finger!), manche erwischen es überhaupt nicht.

6 Kerzenzauber

Jeder glaubt, daß eine Kerze beim Herunterbrennen in einem Glas mit Wasser ausgelöscht wird. Ein Irrtum! Für diesen Versuch beschwerst du ein Stück Kerze an der Unterseite mit einem Nagel: Die Kerze muß so weit ins Wasser sinken, daß von ihrem oberen Rand nur wenige Millimeter herausschauen. Jetzt zündest du die Kerze an. Sie schwimmt brennend auf der Wasseroberfläche, ohne zu verlöschen! Denn die Flamme höhlt die Kerze nur aus – der Wachsrand bleibt, vom Wasser abgekühlt, stehen.

7 Wassersauger

Kannst du dir vorstellen, daß man mit einem Glas von einem Teller Wasser aufsaugen kann?

So geht's: Du klebst einen Kerzenstummel auf einem flachen Teller fest, legst eine Münze an den Rand und schüttest so viel Wasser in den Teller, daß die Münze bedeckt wird. Zünde nun die Kerze an, und stülpe blitzschnell ein leeres Wasserglas darüber. Das Wasser gluckert vom Teller in das Glas hinein. Die Münze liegt plötzlich auf dem Trockenen!

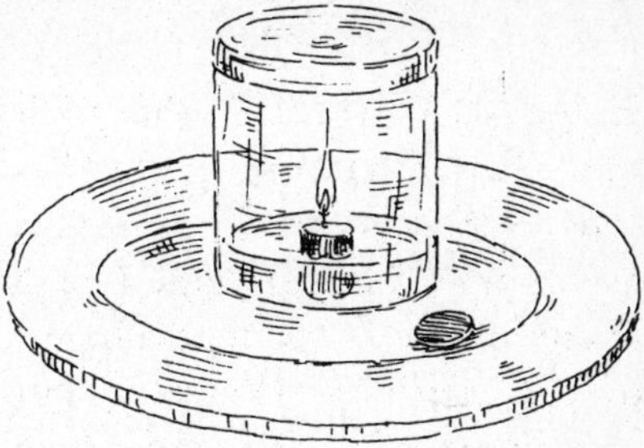

8 Die schwimmenden Nadeln

Durch die Oberflächenspannung ist es möglich, Nadeln auf Wasser schwimmen zu lassen! Wichtig bei diesem Trick ist, daß die Nadeln nicht in das Wasser eintauchen! Es gibt mehrere Möglichkeiten, dies zu vermeiden: Du machst aus zwei dünnen Fäden Schlingen, legst eine Nadel hinein und läßt sie wie mit einem Kran aufs Wasser gleiten. Fäden loslassen, die gehen unter – die Nadel schwimmt! Aber am einfachsten ist es, ein Stück Zigarettenpapier auf das Wasser zu legen und die Nadel vorsichtig darauf zu plazieren. Wenn das Blatt

sich voll Wasser gesogen hat, sinkt es auf den Boden, und die Nadel schwimmt…

9 Kristallzuckerzucht

Um Kandiszuckerkristalle zu züchten, gießt du ein dreiviertel Glas Wasser in einen Topf, erhitzt es und fügst nach und nach eine Tasse Zucker hinzu. Die heiße Lösung gießt du in das Glas zurück. Jetzt knüpfst du einige Fäden an einen Bleistift und hängst sie in die Lösung. Nach ein bis zwei Wochen siehst du an den Fäden schöne Kristalle wachsen!

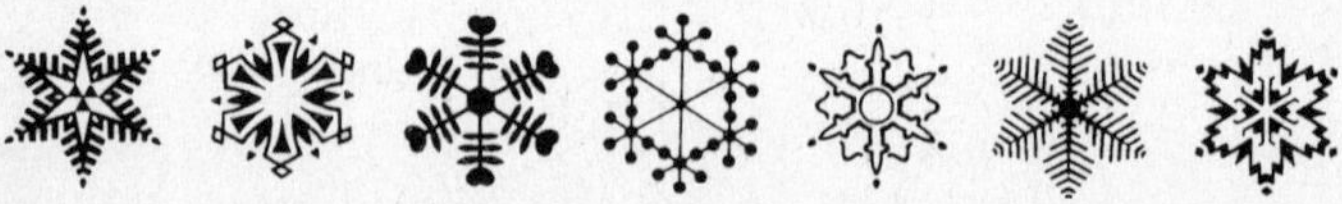

10 Hexerei mit der Schwerkraft

Mit zwei Stielgläsern und einem Stück Tüll kannst du folgenden Versuch machen: Fülle das eine Glas bis oben mit Wasser und das andere mit Rotwein. Breite ein Stück feuchten Tüll über das Wasserglas, und drücke den überstehenden Stoff fest an. Leg die linke

Hand ganz flach auf das Glas, fasse den Stiel mit der rechten Hand an, und drehe das Glas mit einem Schwung um. Ziehe dann vorsichtig die linke Hand weg. Der Tüll bleibt fest am Glas kleben, höchstens ein Wassertropfen läuft heraus. Stelle jetzt dieses umgekehrte Glas auf das gefüllte Weinglas. Der Wein wird sofort durch die winzigen Maschen des Tüllgewebes dringen, um den Platz des Wassers in dem oberen Glas einzunehmen. Das Wasser hingegen wirst du schon bald in dem unteren Glas sehen!

11 Das standhafte Fünfmarkstück

Du schneidest oder reißt dir einen schmalen Zeitungspapierstreifen zurecht und legst ihn so auf eine glatte und ebene Unterfläche (Tisch), daß ein Teil des Streifens über den Rand hinunterhängt. Dann stellst du ein Fünfmarkstück (mit möglichst gut erhaltenem und nicht abgegriffenem »Profil«) auf den Streifen. Nun soll der Papierstreifen entfernt werden, ohne daß der Fünfer umfällt. Was wie Zauberei klingt, klappt – mit etwas Übung und einem kleinen Trick – tatsächlich.

Du stellst das Fünfmarkstück aufrecht in Zugrichtung auf den Papierstreifen. Sobald es steht, faßt du das herunterhängende Ende des Streifens mit der linken Hand und schlägst kurz und kräftig mit einem Bleistift zwischen Hand und Tischplatte auf den Streifen. Das geht so rasch, daß die schwere Münze nicht in Bewegung gerät und stehenbleibt!

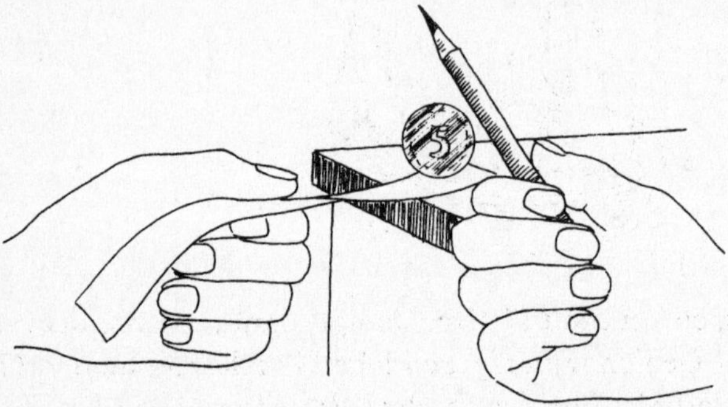

12 Mit beiden Beinen auf dem Boden

Dreh dich mit deiner rechten Körperseite zur Wand. Drücke den rechten Fuß und die Wange an die Wand. Versuche nun, den linken Fuß zu heben. Was immer du anstellst – es wird nicht klappen.

13 Heiß oder kalt?

Du brauchst drei Schüsseln – eine mit kaltem und eine mit sehr warmem Wasser. Das Wasser in der dritten Schüssel sollte etwa Raumtemperatur haben. Laß nun ungefähr 3 Minuten lang deine rechte Hand im warmen Wasser liegen und deine linke im kalten. Tauche dann beide Hände gleichzeitig in die dritte Schüssel. Ist das Wasser heiß oder kalt? Du kannst es nicht beant-

worten, stimmt's? Das hängt damit zusammen, daß dein Gehirn widersprüchliche Signale von deinen Händen erhält. Eines sagt, das Wasser ist kalt; das andere sagt, es ist heiß. So kommst du völlig durcheinander!

14 Auf Zehenspitzen

Stell dich mit dem Gesicht zur Kante einer offenstehenden Tür. Nase und Bauch sollten die Kante berühren. Nimm die untere Türecke zwischen deine Füße. Versuch doch mal, dich auf Zehenspitzen zu stellen!

Du bleibst wie angewurzelt stehen, oder? Um die Aufgabe zu lösen, müßtest du deinen Schwerpunkt nach vorne verlagern. Das geht aber nicht, weil dir die Tür im Weg ist!

15 Der Drang nach oben

Schneide dir einen 25 Zentimeter langen und 5 Zentimeter breiten Papierstreifen zurecht. Halte das eine Ende direkt unter deine Unterlippe. Versuche, den Streifen so nach unten zu blasen, daß er an deine Brust stößt. – Es klappt nicht: Der Papierstreifen hebt sich immer nach oben!

16 Pustekuchen

Stell eine brennende Kerze auf den Tisch. Nimm einen Trichter an den Mund, und halte ihn in einigem Abstand so vor die Kerze, daß die Flamme vor der Mitte der weiten Öffnung ist. Versuch mal, die Kerze auszublasen. Doch du kannst blasen und pusten, soviel du willst, die Kerze geht nicht aus!

17 Keine Flamme

Fülle ein Glas mit ganz frischem Sprudel (aus einer neuen Flasche), und halte ein brennendes Zündholz darüber – es wird sofort ausgehen.

Sprudel enthält Kohlendioxid, das unter Druck steht. Sobald die Flasche geöffnet wird, sprudeln die Gasbläschen an die Oberfläche. Der Raum darüber wird arm an Sauerstoff, das Streichholz erlischt deshalb.

18 Flaschenmusik

Du füllst eine Reihe von Flaschen verschieden hoch mit Wasser. Anstatt nun selbst in die Flaschen zu blasen, könntest du diese Arbeit auch einem Staubsauger überlassen. Du hältst das Ende des Staubsaugers so über die Flaschenhälse, daß sie anfangen zu tönen. Je mehr Wasser in deiner Flasche ist, desto höher klingt sie. So kannst du durch genaues Abmessen der Wassermenge die ganze Tonleiter von den Flaschen singen lassen!

19 Das Ei in der Flasche

Du kannst ein Ei, ohne es zu zerstören, in eine Flasche zaubern! Das ist gar nicht so schwer, wenn du bei einem rohen Ei die Schale entfernst. Dazu legst du das Ei für eine Weile in heißen Essig, und zwar so lange, bis sich die Schale vollkommen aufgelöst hat. Das Ei ist jetzt nur noch von einer dünnen, weißen Haut umgeben. Wenn du sehr vorsichtig bist, kannst du es nun durch einen schmalen Flaschenhals schütten, ohne es zu beschädigen. – Ein guter Anlaß für eine Wette…

20 Hinter der Flasche

Du stellst eine Flasche vor eine brennende Kerze und bläst kräftig gegen die Flasche. Meinst du, die Flasche hält deine Puste ab? – Nein, die Kerze erlischt!

21 Sitzenbleiben

Setz dich auf einen Stuhl mit gerader Rückenlehne und ohne Armstützen. Lehne deinen Rücken an, stelle die Füße flach auf den Boden, und kreuze die Arme vor der Brust. Versuche jetzt doch mal aufzustehen! – Du bist ein Sitzenbleiber, oder?

22 Das Gewicht einer Zeitung

Eine Zeitung kann unglaublich schwer sein! Besorge dir eine Holzlatte, die 10 auf 50 Zentimeter groß ist. Lege die Latte auf den Tisch, und schichte die Zeitung so darüber, wie es die Zeichnung zeigt. Nun versuche mal, die Latte mit einem Fausthieb hochzuschlagen. – Es gelingt nicht, weil der Luftdruck die beiden Blätter mit großer Kraft gegen die Latte drückt!

23 Das hüpfende Ei

Daß du ein Ei von einem Eierbecher in einen zweiten hüpfen lassen kannst, wird dir wohl niemand glauben. Aber möglich ist es doch.

Du stellst zwei Eierbecher so hintereinander, daß sie sich berühren. In den vorderen Becher kommt das Ei (am besten ein hartgekochtes). Bläst du nun von schräg oben kurz und sehr kräftig zwischen das Ei und den Becherrand, hüpft das Ei, wie von Zauberhand bewegt, in den hinteren Becher! Wenn's nicht gleich beim erstenmal klappt, hat es dir an Puste gefehlt. Gleich noch mal versuchen.

24 Mit Pulverkraft

Du schneidest aus Papier einen kleinen Fisch wie in der Abbildung aus. Lege ihn in eine Schale mit Wasser, und warte, bis er ruhig auf der Wasseroberfläche schwimmt. Dann streust du einige Körnchen Waschpulver in die mittlere Öffnung des Fisches. Du wirst sehen, daß der Fisch sofort ein Stückchen nach vorn getrieben wird!

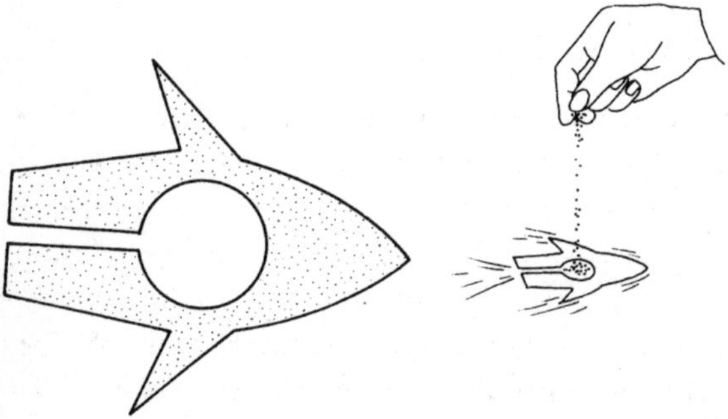

25 Die Postkarte

Lege eine Postkarte auf den Tisch, und biege sie so, daß eine leichte Wölbung entsteht. Wenn du dort hineinbläst, wird die Postkarte dann abheben und davonfliegen? Im Gegenteil: Sie preßt sich fest an die Unterlage und fängt höchstens an zu flattern, wenn ein Teil der Puste über sie hinweggeht!

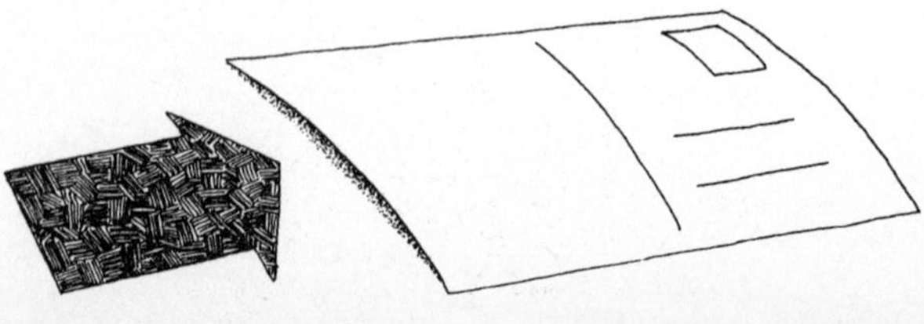

26 Hartgekocht oder roh?

Laß dir ein rohes und ein hartgekochtes Ei geben. Kannst du beide Eier voneinander unterscheiden? Ja, wenn du sie auf einer Tischplatte kreiseln läßt! Denn beide Eier drehen sich verschieden. Das hartgekochte Ei dreht sich schneller und länger als das schwerfällige rohe Ei.

27 Das Alter der Eier

Du kannst auch ohne größere Schwierigkeiten feststellen, wie alt oder frisch das Ei ist, das du zum Frühstück essen sollst. Legst du das Ei in einen mit Wasser gefüllten Topf, läßt sich am Winkel seiner Längsachse zum Topfboden das Alter folgendermaßen abschätzen: Ein frisches Ei liegt waagerecht im Wasser. Ein 30 Tage altes Ei stellt sich auf die Spitze. (Je älter ein Ei ist, desto größer ist seine Luftkammer und desto leichter sein dickes Ende.)

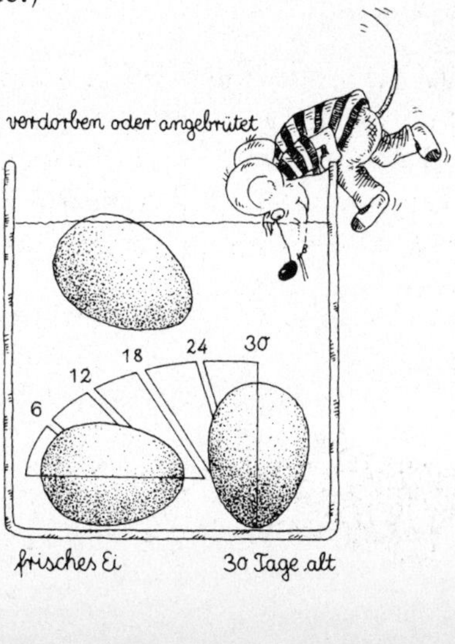

28 Der elektrische Kamm

Kämme dir die Haare kräftig mit einem Plastikkamm. Dabei wird der Kamm statisch aufgeladen.

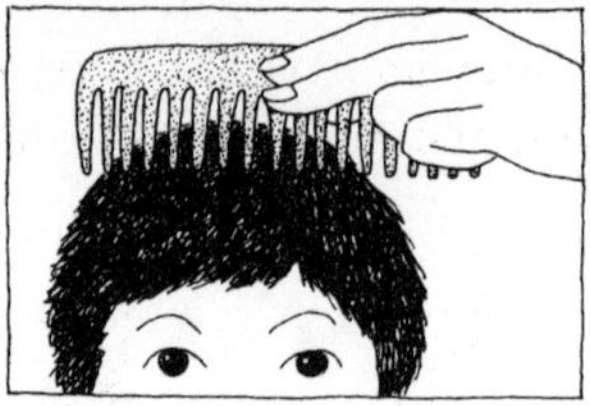

Halte den Kamm danach über ein paar Papierschnipsel. Sie fliegen hoch und bleiben am Kamm haften! Die statische Elektrizität hat sie angezogen.

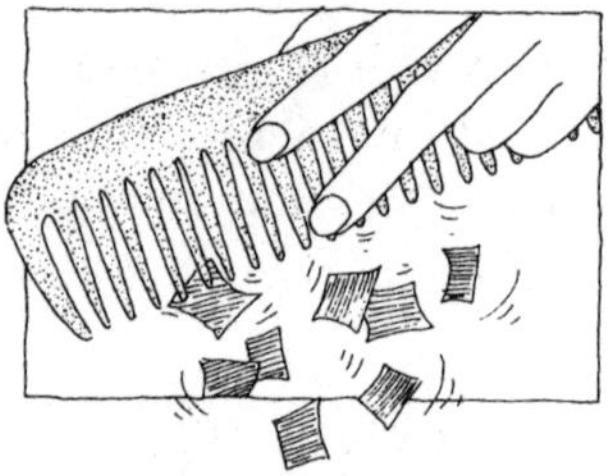

Nach einigen Minuten wird die Elektrizität durch deinen Körper wieder abgeleitet, und die Papierschnipsel fallen herunter.

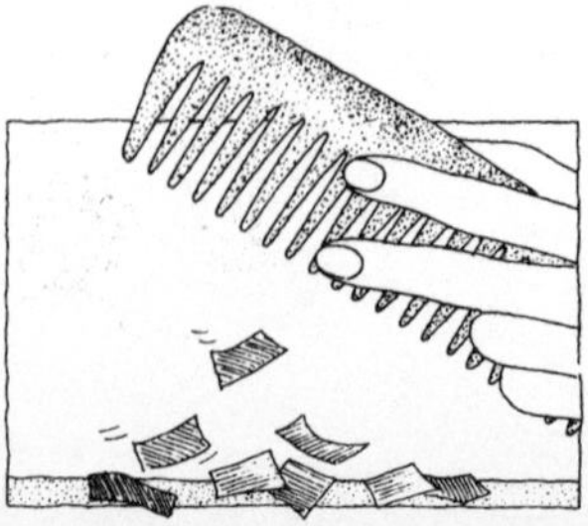

29 Der verbogene Wasserstrahl

Mit statischer Elektrizität kannst du sogar einen Wasserstrahl »verbiegen«. Und das geht ganz einfach: Laß das Wasser gleichmäßig und nicht zu stark aus dem Hahn fließen. Halte jetzt einen Plastikkamm, den du vorher durch Kämmen aufgeladen hast, an den Wasserstrahl.

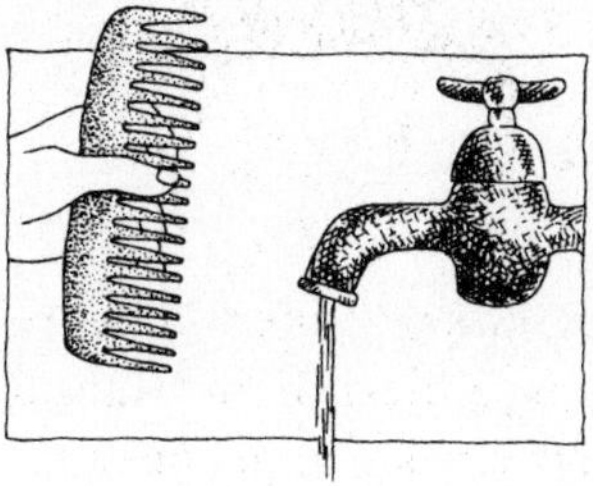

Du wirst sehen, wie sich das Wasser zur Kammspitze »hinbiegt«. Der Strahl wird von der statischen Elektrizität herübergezogen. Wenn sie dann allmählich durch deinen Körper abgeleitet wird, fließt das Wasser wieder »normal«.

30 Zucker in Flammen

Versuch mal, ein Stück Würfelzucker in Brand zu setzen – es wird dir nicht glücken!

Nur so gelingt es: Streu etwas Zigarettenasche über eine Ecke des Zuckerstücks – dann fängt der Zucker bläulich zu brennen an!

Drudel
zum
Ausruhen

**Die Lösungen
zu diesem Kapitel
findest du
auf Seite 218.**

Und zur Erholung ein paar Drudel – für Leute mit Phantasie.
Was mag das sein, was du auf diesen Seiten siehst?

1. Eine Leiter?

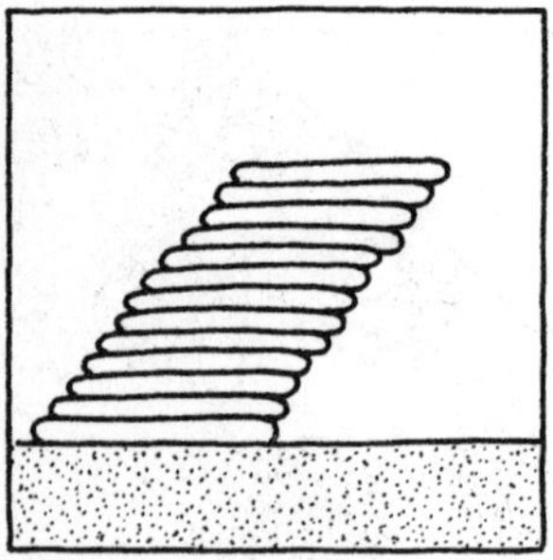

2. Eine Treppe?

3. Ein Teppichmuster?

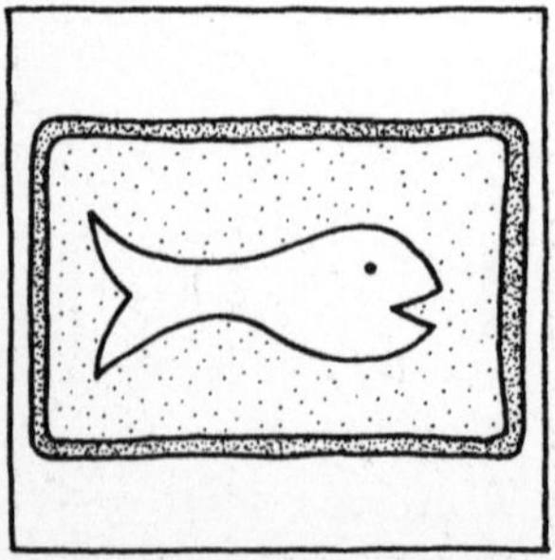

4. Ein Angelschild?

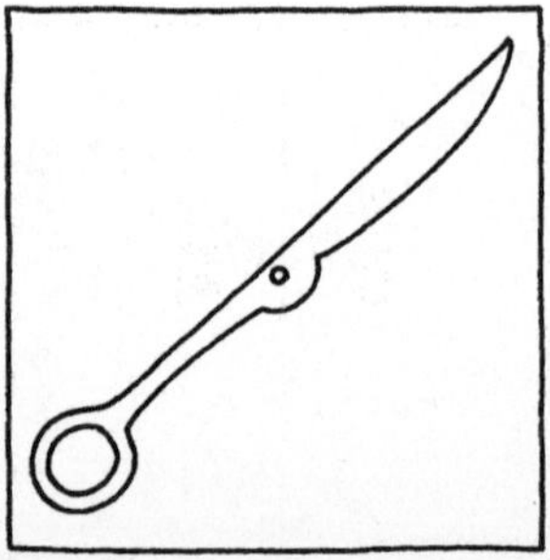

5. Eine kaputte Schere?

6. Badezimmerfliesen?

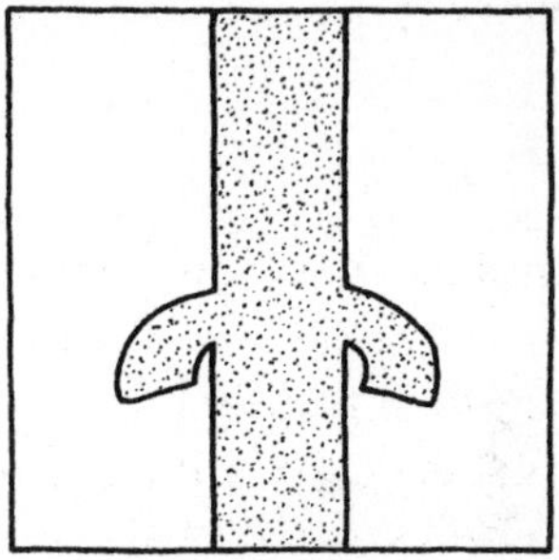

7. Postreklame?

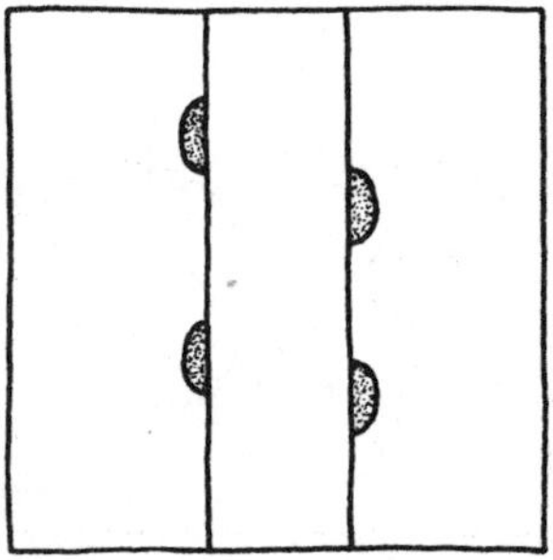

8. Ein Zweig mit Knospen?

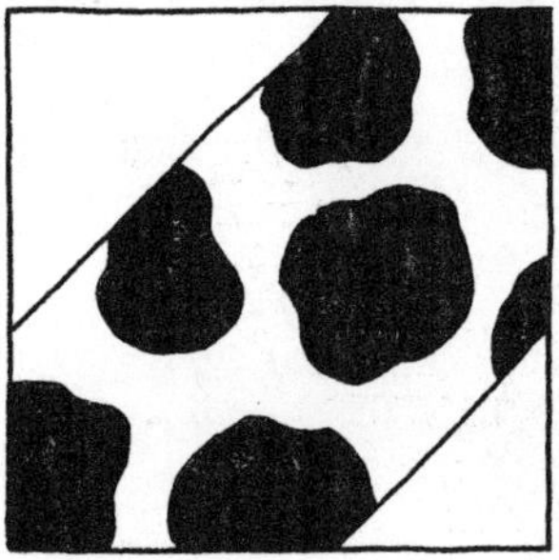

9. Ein Fußweg?

10. Eine geometrische Figur?

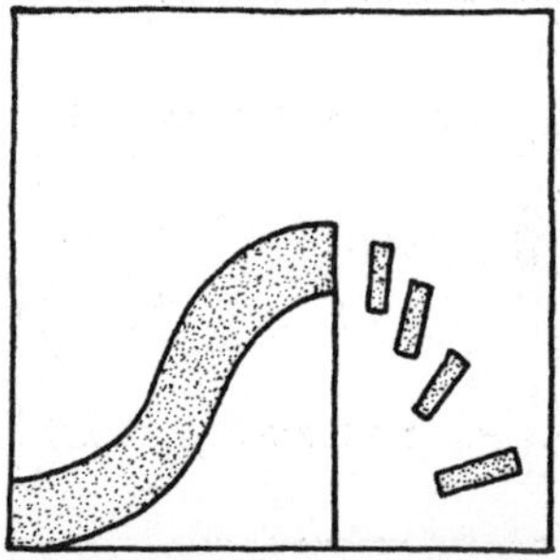

11. Fallende Ziegelsteine?

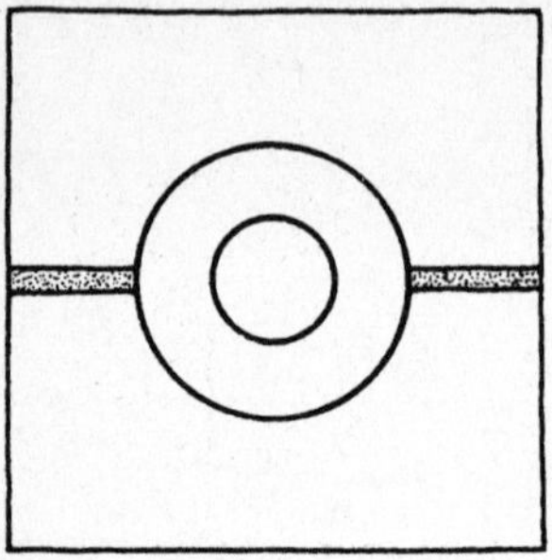

12. Geometrie?

13. Geschnörkel?

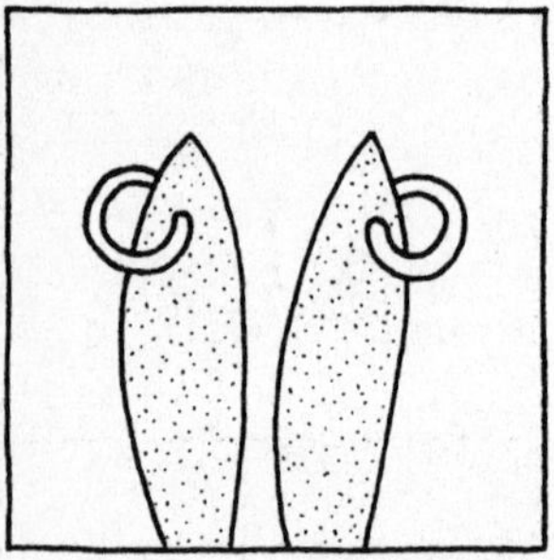

14. Blätter einer Pflanze?

15. Palmen in einer Oase?

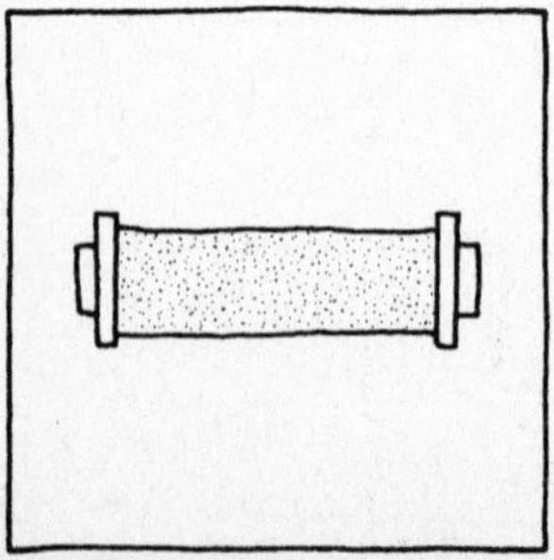

16. Ein Toastgerät?

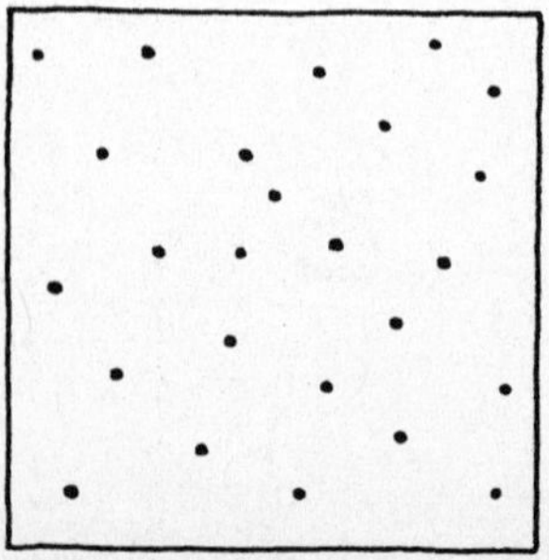

17. Ein Fliegenschwarm?

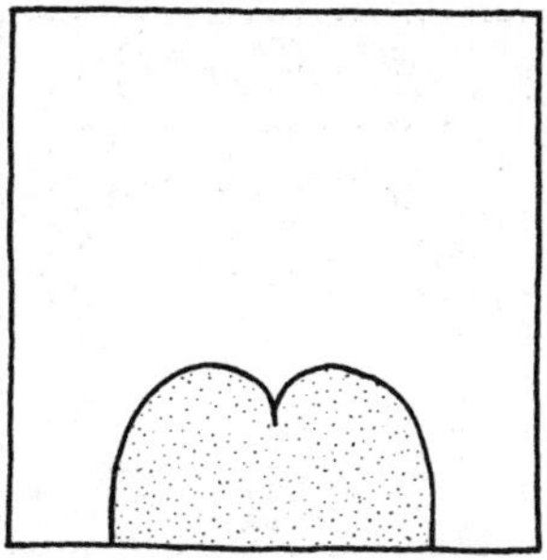

18. Das Oberteil eines Hutes?

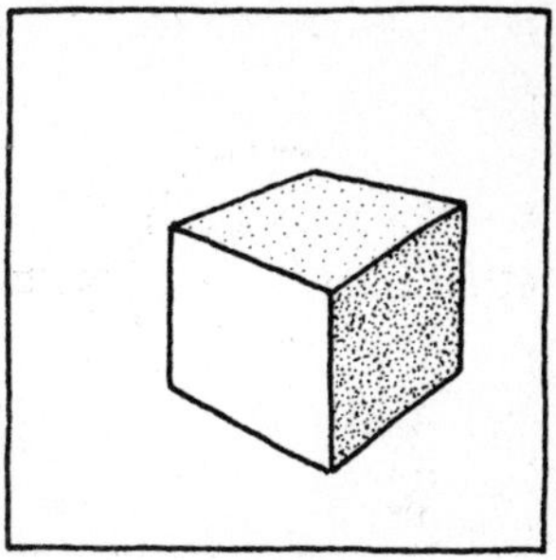

19. Ein Würfelzucker?

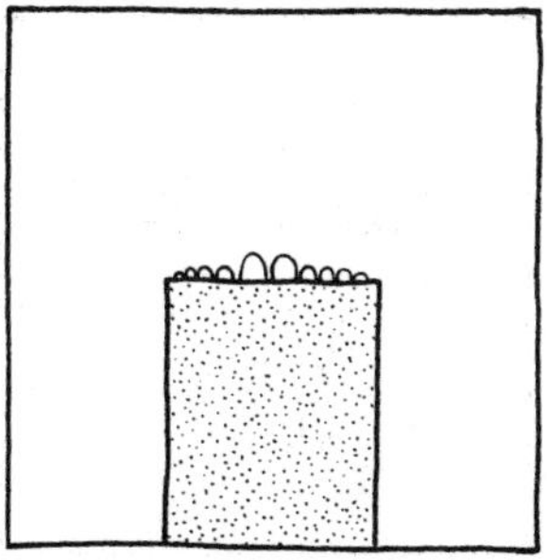

20. Ein Schornstein?

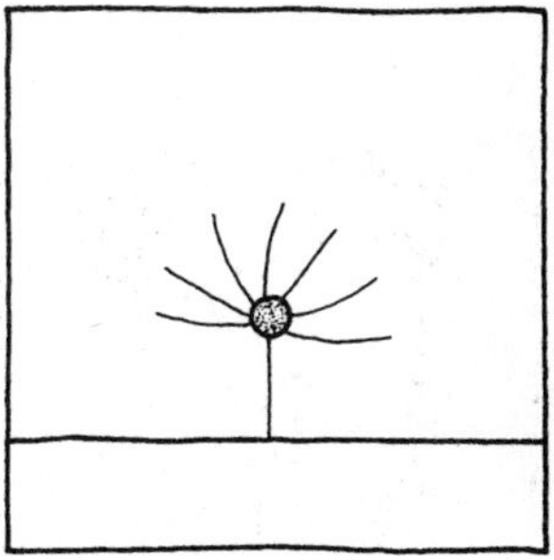

21. Ein Blümchen?

22. Eine Vase?

Für Tüftler und Knobler

Die Lösungen
zu diesem Kapitel
findest du
auf Seite 220.

1 Der Swimmingpool

Familie Protzke hat im Park hinter der Villa einen Swimmingpool. Weil sich nun die Nachbarn aber einen größeren bauen lassen, braucht die Familie Protzke auch einen größeren Pool. Das Problem ist: Wie kann man das Becken auf die doppelte Größe erweitern, ohne die schattenspendenden Bäume an den vier Ecken zu fällen?

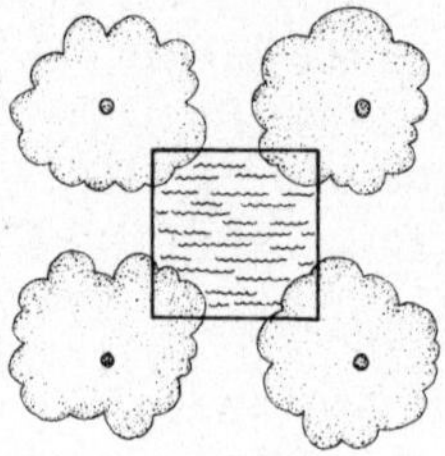

2 Das Glasspiel

Hier stehen sechs durchnumerierte Gläser, abwechselnd ein leeres und ein halbvolles Glas. Ist es möglich, drei halbvolle und drei leere Gläser direkt nebeneinander zu bringen, wenn man nur ein einziges Glas berühren darf?

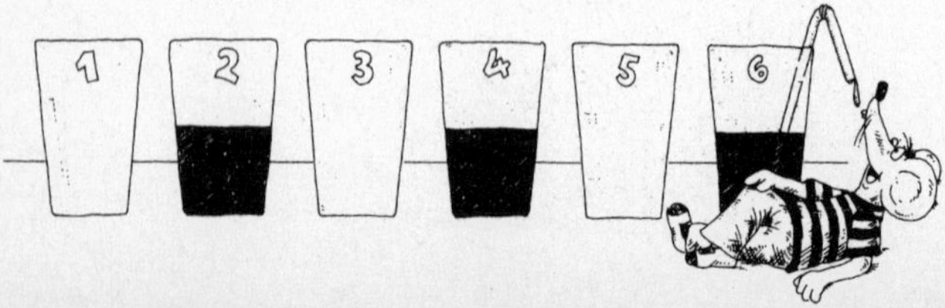

3 Die geerbten Fässer

Drei Leute machen eine Erbschaft: 15 Weinfässer!

Jeder von ihnen soll ganz genau gleich viel Wein und gleich viele Fässer bekommen. Aber das ist nicht leicht. Denn von den 15 Weinfässern sind fünf voll (v), fünf halb voll (h) und fünf leer (l).

Einer der Erben überlegt scharf, dann hat er die Lösung. Du auch?

4 Überlebensproblem

Ein Fährmann soll einen Wolf, eine Ziege und einen Kohlkopf über einen Fluß bringen, jeweils einzeln und so, daß während seiner Abwesenheit der Wolf nicht die Ziege und auch die Ziege nicht den Kohl fressen kann. – Es gelingt dem Fährmann. Wie hat er es gemacht?

5 In wieviel Zügen?

Leg sechs gleich große Knöpfe, wie abgebildet, auf den Tisch, und versuche, sie mit der kleinstmöglichen Anzahl von Zügen in die zweite Stellung zu schieben. Bei keinem Zug darf die Lage der anderen Knöpfe geändert werden, und jedesmal muß der Knopf in seiner neuen Stellung zwei andere berühren.

Wieviel Züge brauchst du mindestens?

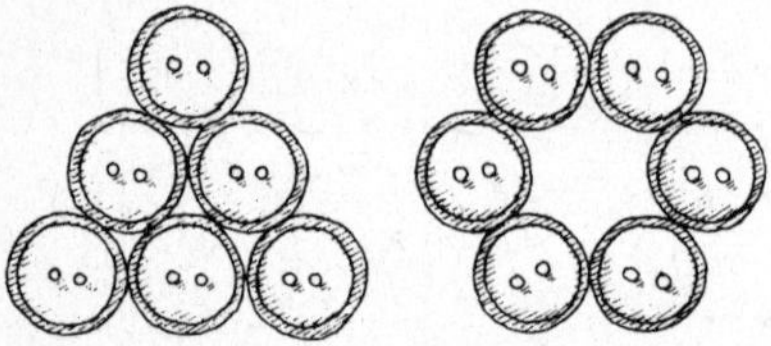

6 Das Familienfest

Alle Angehörigen der Familie Müller sind zur Geburtstagsfeier des Großvaters versammelt. Man zählt 2 Väter, zwei Mütter, vier Kinder, drei Enkel, einen Bruder, zwei Schwestern, zwei Söhne, zwei Töchter, zwei Männer, zwei Frauen, einen Schwiegervater, eine Schwiegermutter und eine Schwiegertochter. Wie viele Menschen sind versammelt?

7 In einem Zug

Probier doch mal, dieses Haus in einem Zug zu zeichnen, ohne den Bleistift abzusetzen?

8 Vorsicht, bissige Hunde!

Die fünf Kettenhunde von Bauer Rübesam sind sich spinnefein. Deshalb sollst du jeden an seine Hütte anbinden. Aber die Leinen dürfen sich nicht überschneiden!

Mach eine Skizze mit den fünf Hunden und den fünf Hütten, und versuche, die Leinen entsprechend einzuzeichnen.

9 Der neue Pferdestall

In diesen sieben nagelneuen Boxen sollen acht Pferde untergebracht werden. Schaffst du es?

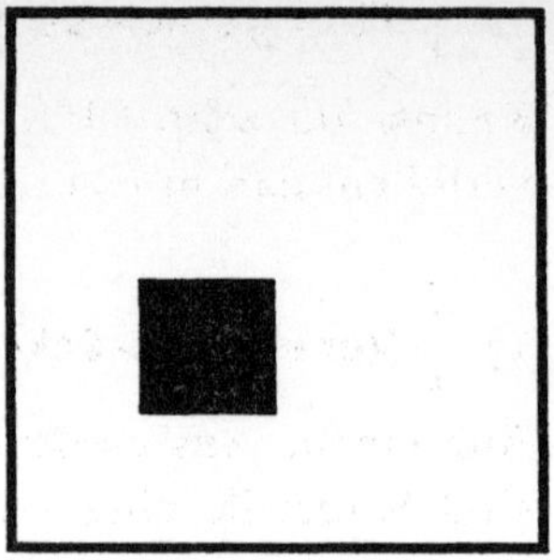

10 Der Nachlaß

Stell dir unter dem äußeren Quadrat dein Grundstück vor. Das schwarze Quadrat bedeutet ein Haus. Die Fläche um das Haus herum wird von fünf Brüdern geerbt und muß deshalb in fünf gleiche Teile geteilt werden. Was würdest du tun, wenn du diesen Nachlaß zu verwalten hättest?

11 Der Irrgarten

Wagemutig, wie du bist, hast du bei Nacht einen Irrgarten betreten. Plötzlich löscht der Wind deine Kerze aus. Du sollst den Weg von A zur rettenden Mitte B ohne Beleuchtung finden, denn dort wartet ein Freund, der den Gartengrundriß so gut kennt wie seine Hosentasche. Wie also kommst du, ohne dich zu verlaufen, zur Gartenmitte?

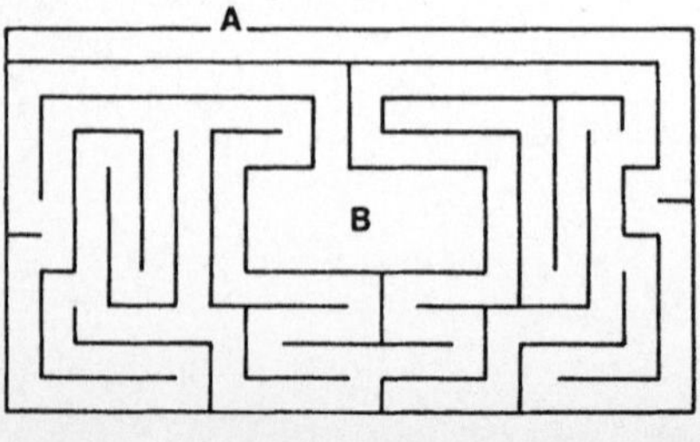

12 Fünf gerade sein lassen

Kannst du zehn Münzen so auf fünf geraden Linien verteilen, daß in jeder Linie vier Stück liegen?

13 Venedigs Brücken

Auf einem Ausschnitt des Straßenplans von Venedig sind Stadtteile eingezeichnet (A bis M), die durch 22 Brücken miteinander verbunden sind. In einem Stadtteil wohnt ein Gondoliere, der seinen Freund in einem anderen Stadtteil besuchen will – und zwar ohne Gondel, zu Fuß. Dabei hat er sich vorgenommen, den Weg so zu wählen, daß er jede der 22 Brücken ***einmal*** überschreitet. In welchen Stadtteilen wohnen die zwei Freunde? Welchen Weg hat der Gondoliere gewählt?

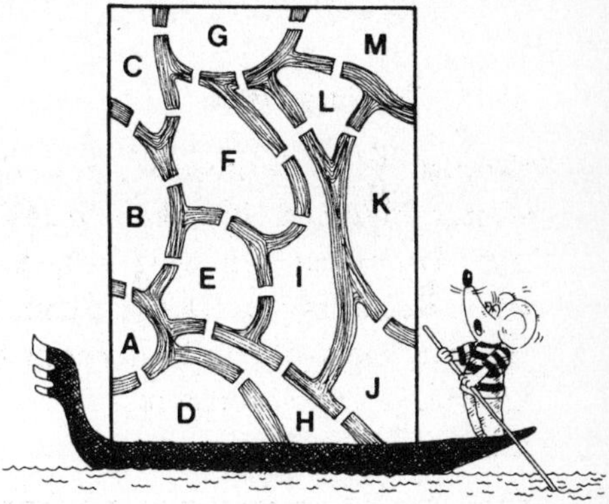

14 Vier vertrackte Stricheleien

a) Male wie auf der Abbildung 16 Punkte auf ein Blatt, und verbinde sie mit zwölf Strichen so, daß diese eine durchgehende Linie bilden. Ein Strich darf mehrere Punkte miteinander verbinden und kann sowohl waagrecht, senkrecht als auch schräg verlaufen. Mit einer Einschränkung: Die Linien dürfen sich nicht überschneiden. Der Start liegt bei Punkt A, das Ziel bei Punkt B.

b) Male 64 Punkte auf, und gehe dann von A nach B: Berühre dabei alle Punkte, und mache 15 Striche, die zusammen wieder eine ununterbrochene Linie bilden. Die Striche dürfen auch diesmal waagrecht, senkrecht und schräg verlaufen, sie dürfen sich aber nicht kreuzen.

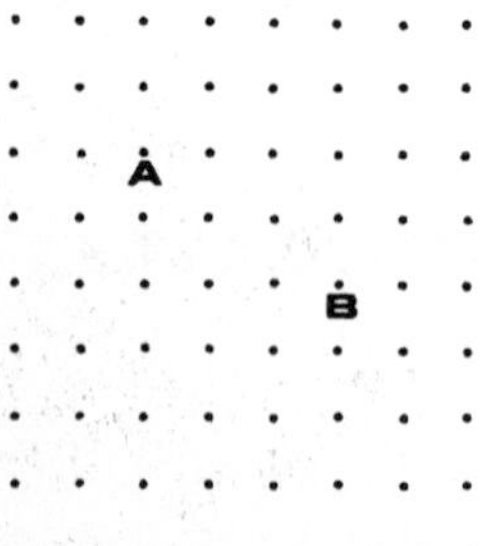

c) Gehe von A nach B, berühre dabei alle 64 Punkte und mache wieder 15 Striche in einer ununterbrochenen Linie. Diesmal dürfen die Linien jedoch nur waagrecht oder senkrecht verlaufen und nicht schräg. Sie dürfen sich auch nicht kreuzen.

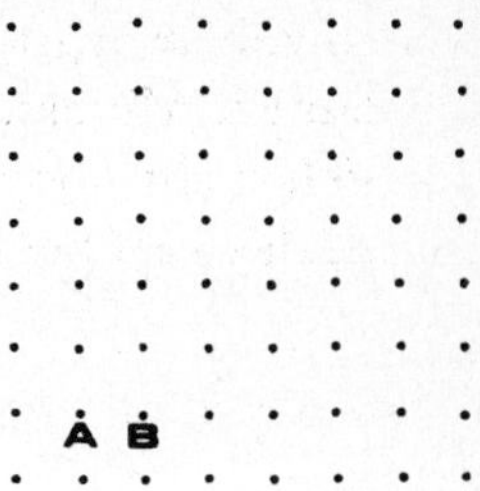

d) Wie kannst du mit 21 geraden Strichen (schräge Striche sind nicht erlaubt) von A nach B gelangen und dabei auch noch alle Punkte berühren? Die Linie darf auch diesmal nicht unterbrochen werden.

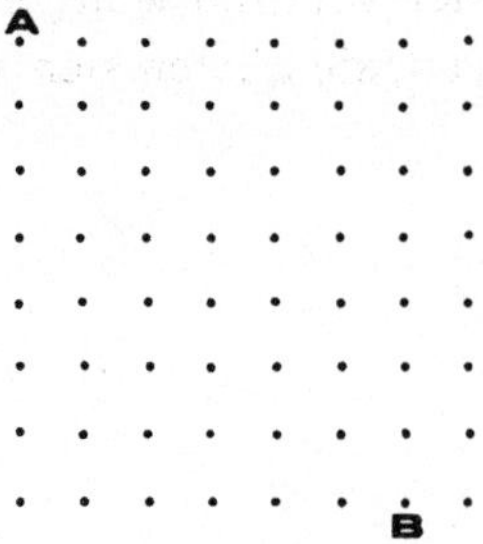

15 Kopfstand oder nicht?

Zwei Fünfzigpfennigstücke mit noch gut erhaltenem geriffeltem Rand werden so nebeneinandergelegt, daß ihr Bild jeweils aufrecht steht. Nun hältst du eine Münze mit dem Finger fest und rollst die andere so lange um den Rand der zweiten herum, bis sie auf der anderen Seite auf gleicher Höhe liegt.

Frage: Steht das Bild dann auf dem Kopf, steht es aufrecht, oder liegt es quer?

16 Andere Richtung!

Wie viele Münzen mußt du in dieser Figur umlegen, damit die Spitze des Dreiecks nicht mehr nach unten, sondern nach oben zeigt?

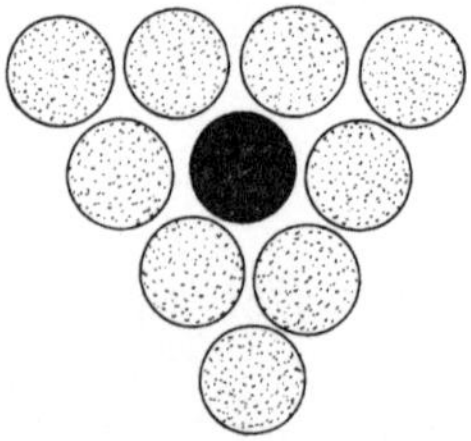

17 Nicht berühren!

Wie kannst du die mittlere Münze aus der Mitte entfernen, ohne sie anzufassen oder zu berühren?

18 Ganz schön gemein

Um diese Aufgabe zu lösen, mußt du eingefahrene Denkweisen verlassen: Lege sechs Geldstücke auf dem Tisch aus wie unten. Eine Münze darfst du versetzen. Danach müssen in jeder Reihe vier Münzen liegen.

19 Teilen ist schwer

Kannst du dir vier gerade Linien vorstellen, mit der sich diese Koppel in fünf Flächen teilen läßt – und zwar so, daß jeder Abschnitt ein Pferd, einen Baum und einen Teich enthält?

20 Flußaufwärts

Der Stamm der Spreizfußindianer hat seine Wigwams verlegt und neue Weidegründe am Fluß Carambula in Besitz genommen. Die Nähe zum Meer verspricht reiche Fischbeute. Es ist auch kein Problem, mit den Kanus flußabwärts bequem das Meer zu erreichen! Nur – wie soll man mit den schwer beladenen Booten den Fluß hinauf zum Zeltlager gelangen?

Acht Tage und Nächte brütete Häuptling Donnergroll, dann hatte er die Lösung, wie der Rückweg vom Landeplatz am Meeresufer über den Fluß ins Zeltlager verlaufen muß. – Bist du auch so schlau?

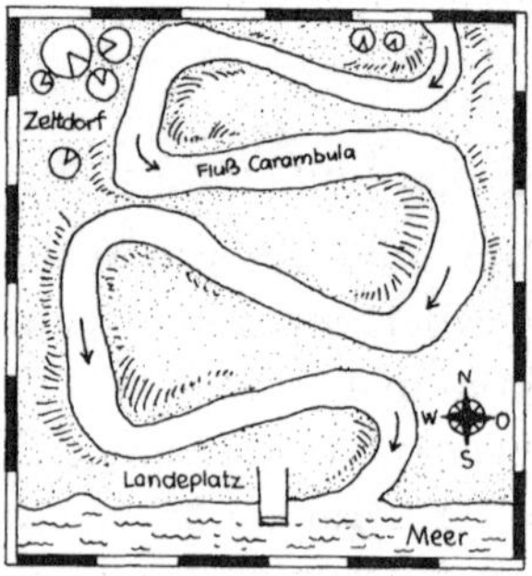

21 Viereck gesucht

Kannst du ein Viereck zeichnen, das sich mit einer einzigen geraden Linie in drei Dreiecke teilen läßt?

22 Die hungrigen Mäuse

Jede dieser sechs Mäuse möchte ein Stück Hörnchen mit Rosine haben. Das Hörnchen darf dazu aber nur mit zwei Schnitten in die sechs Teile mit je einer Rosine geteilt werden!

23 Ohne Weg und Steg

Um eine künstliche Insel ist ein gleichmäßig breiter Graben gezogen. Wer den Wunsch hat, auf die Insel zu kommen, findet eine Schwierigkeit vor: Es gibt keine Brücke, lediglich zwei Bretter stehen zur Verfügung, die aber gerade nur so lang sind, wie der Graben breit ist. Wie ist es möglich, mit Hilfe dieser beiden Bretter ohne irgendwelche weiteren Hilfsmittel eine Brücke zu schlagen?

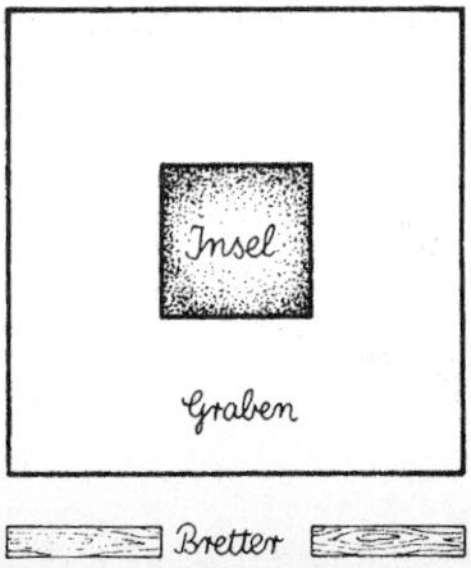

24 Trinkprobleme

Stallknecht Xaver Sterzl wird mit seiner »Kundschaft« gleich Ärger kriegen: Er hat nur einen 5-Liter- und einen 3-Liter-Eimer zur Tränke mitgebracht! Aber Mutter Kuh besteht darauf, daß ihr Kalb nicht mehr als 1 Liter saufen darf, sie selbst aber will sich haargenau 2 Liter Wasser durch die Kehle laufen lassen.

Wie mißt Sterzl die »Portionen« ab?

Noch mehr
Scherzfragen

Die Lösungen zu diesem Kapitel findest du auf Seite 227.

1. Wie viele Ostfriesen werden für eine Entführung benötigt?
2. Was ist das älteste Musikinstrument?
3. Was ist gelb und sehr scharf?
4. Was ist der Unterschied zwischen einem Einbruch und einem Beinbruch?
5. Was ist das? Es fliegt in der Luft und rasselt.
6. Was aber ist das? Es fliegt in der Luft und rasselt nicht.
7. Was springt auf der Wiese umher und ist schwarz?
8. Und was springt dann auch noch auf der Wiese umher und ist schwarz?
9. Bilde einen Satz mit zwei Eiern, einer Frau, einem Zimmer und einem Mann!

10. Was ist der Unterschied zwischen einem Bergsteiger und einem Apotheker?

11. Es gehen drei Männer auf die Jagd. Der erste trägt ein Gewehr, der zweite hat den Jagdhund an der Leine. Was hat der dritte?

12. Was ist die Höchststufe (der Superlativ) von »hokus«?

13. Und was ist das? Es ist groß und blau, sitzt zehn Meter unter der Erde und frißt Steine.

14. Wenn du vom Nordpol ein Loch bis zum Südpol gräbst und einen Stein hineinwirfst, wie weit fällt der dann?
    a) bis zum Südpol?
    b) bis zum Erdmittelpunkt?
    c) bis in den Weltraum?

15. Was ist gelb und schwarz und macht mus, mus?

16. Was ist weiß und steigt aus der Erde?

17. Warum hat der Schlüssel wohl einen Bart, aber keine Beine?

18. Was macht ein fauler Afrikaner, wenn er Appetit auf Kokosnüsse hat?

19. Wer ist klüger: ein Dieb oder ein Arzt?

20. Was macht ein Ostfriese, wenn er sich die Ohren zuhält und mit den Beinen fest auf den Boden stampft?

21. Warum tragen englische Geschäftsleute Schirme?

22. Woran merkt man, daß ein Elefant im Kühlschrank ist?

23. Wie nennt man einen verheirateten Vollmatrosen mit sieben Kindern?

24. Was macht ein Glaser, wenn er kein Glas hat?

25. Warum hat der ostfriesische Kalender nur 364 Tage?

26. Was ist der Unterschied zwischen Forte und Piano?

27. Was hat man vor sich, wenn man ein Haar in der Suppe findet?

28. Was ist der Unterschied zwischen einer Geige und einem Konzertflügel?

29. Was ist der Unterschied zwischen einer Bachstelze?

30. Welche Ähnlichkeit hat eine Klatschbase mit einer Waage?

31. Worin gleichen sich Magen und Wagen?

32. Welcher Unterschied besteht zwischen einem Reisenden und einem Stubenmädchen?

33. Wie viele weichgekochte Eier konnte der Riese Goliath nüchtern verspeisen?

34. Was ist der Unterschied zwischen einem kommandierenden General und einem pensionierten Nachtwächter?

35. Warum kann ein Pferd kein Schneider werden?

36. Welches ist das wacheste Auge?

37. Was sagt der große Schornstein zum kleinen Schornstein?

38. Warum benutzt ein Pferd auf dem Fahrrad grundsätzlich nie die Klingel?

39. Welches ist das gefräßigste Geschöpf?

40. Welche Ähnlichkeit besteht zwischen Köchen und Schauspielern?

41. Warum kommen schlechte Schriftsteller nicht in den Himmel?

42. Was ist eine Perücke?

6 Schwierige Kopfnüsse

1 Transportmittel

Welches Transportmittel bewegt sich innerhalb eines anderen sich bewegenden Transportmittels selbständig und in ganz anderer Richtung?

2 Die wertvolle Krankheit

Welches Tier ist krank wertvoller als gesund?

3 Erdpunkte

Gibt es einen Punkt auf der Erde, von dem aus es nur in eine Himmelsrichtung geht?

4 Geht dir ein Licht auf?

Welche der beiden Kerzen brennt länger?

Die Lösungen zu diesem Kapitel findest du auf Seite 230.

5 Auf dem Mond

Eines Tages wird der russische Kosmonaut Vladimir mit seiner Rakete auf dem Mond landen und dort den Amerikaner John treffen, der ebenfalls auf dem Mond gelandet ist. Als höflicher Mensch wird Vladimir John ein Glas Wodka anbieten, das der Amerikaner dankend annimmt, und John wird ihm dafür eine Zigarre reichen, und sie werden gemeinsam gemütlich im Angesicht der leuchtenden Erde rauchen.

Diese Geschichte ist natürlich völlig absurd. Weißt du, warum?

6 Die einsame Insel

Ein Schiffbrüchiger landet auf einer einsamen Insel. Sie hat eine längliche Form und erstreckt sich von Ost nach West. Eines Tages entzündet ein Blitz die Bäume im Westen der Insel, und der Wind treibt die Flammen nach Osten. Der Schiffbrüchige sieht das Feuer auf sich zukommen und glaubt sich verloren, weil er nicht schwimmen kann!

Dennoch übersteht er die Sache heil. Wie?

7 Der Streit um die Gans

In Kleindorf herrscht Mordsaufregung. Hat doch der Auszubildende Franz Strudel mit seinem nagelneuen Rad glatt eine Gans vom Bauern Gerstenkorn überfahren! Bauer Gerstenkorn ist sauer.

»Den Verlust bezahlst du mir!« keift er den Franz an und verlangt 25 Mark von ihm. Dafür soll der Franz das tote Vieh aber auch mitnehmen dürfen.

Aber Franz Strudel lehnt ab. »Ich will die Gans nicht, weil ich Gänsebraten nicht mag!« sagt er. »Außerdem fahre ich nicht mit 'ner toten Gans auf dem Rad spazieren! Und überhaupt, ich habe nur 20 Mark!«

Bauer Gerstenkorn gibt nicht nach, Franz Strudel auch nicht. Und so streiten sie, bis sich Emil Gipsbein einschaltet, der – wie man sehen wird – zu Unrecht als Dorftrottel von Kleindorf bekannt ist. Denn innerhalb von einer Minute hat er das Problem mit der Gans ganz friedlich gelöst – und zwar so, daß Bauer Gerstenkorn zufrieden ist und Franz Strudel auch!

Welche Lösung hat Emil Gipsbein für die beiden Streithammel und nicht zuletzt für sich selbst gefunden?

8 Welch ein Kreuz!

Ein alter Geizhals besitzt ein sehr kostbares Kreuz, das mit Goldstücken besetzt ist. Eines Tages aber geschieht ein Unglück: Das Kreuz fällt zu Boden, und eines der Goldstücke bricht heraus. Das Kreuz muß zum Goldschmied, dem der Geizkragen allerdings mißtraut. Zur Sicherheit zählt er die Goldstücke noch eimal nach: Der Länge nach sind es neun – und von unten bis zum Querstück und dann nach rechts oder nach links gezählt, sind es ebenfalls neun.

Doch der Goldschmied ist schlau und bricht zwei Goldstücke heraus, um sie für sich zu behalten. Trotzdem merkt der alte Geizkragen nichts.

Wie ist das möglich?

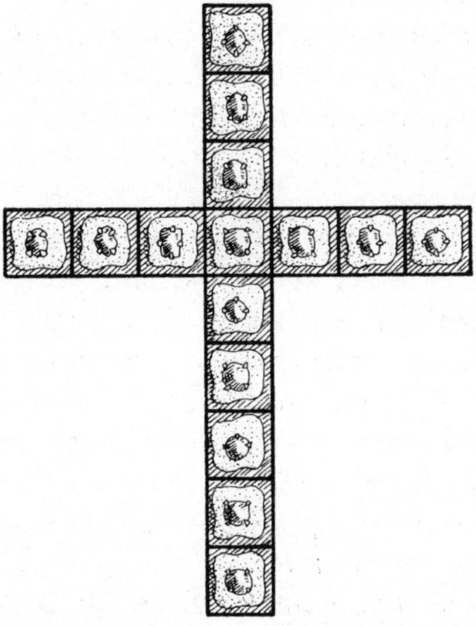

9 Das Bierfaß

Zwei Männer streiten sich um die Frage, wieviel Bier in einem offenen Bierfaß sei. Einer meinte, es sei mehr als halb voll. Der zweite bahauptete, es sei weniger als halb voll.

Sie können den Inhalt des Fasses nicht durch Messen feststellen. Wie kommen sie trotzdem zu einem sicheren Ergebnis?

10 Klaus und die Äpfel

Klaus ist in der Nachbarschaft dafür bekannt, daß er mit Begeisterung Äpfel klaut. Fieser, der geizige Bauer, will ihn austricksen: Er bindet Hasso, seinen zähnefletschenden Wachhund, am Baum an, damit er den Apfelkorb bewacht. Nun hat Klaus zwar große Angst vor Hasso, aber er hat auch riesigen Appetit auf die Äpfel. Deshalb denkt er scharf nach – und tatsächlich: Er findet einen Weg, wie er an die Äpfel kommt, ohne daß ihn Hasso beißen kann.

Wie würdest du vorgehen?

11 Ein Kurzkrimi

Eine Bank ist überfallen worden! Der Verdacht der Polizei fällt sofort auf eine gewisse Gruppe von Ganoven, die von der Polizei schon seit einiger Zeit beobachtet wird.

Die drei Verdächtigen haben allerdings ein Alibi, das unwiderlegbar zu sein scheint: Sie sagen, daß sie alle zusammen in der Wohnung des einen Kumpels waren und Radio gehört haben. Die Polizisten, die sich die genauen Texte des Abendprogramms beschafft haben, stellen den Schurken Fangfragen, die sie durchweg, ohne zu zögern, beantworten können. – In Wirklichkeit aber hatten die Banditen während des Überfalls ein Radio dabei, um sich dieses handfeste Alibi zu verschaffen.

Trotzdem gelingt es den Polizisten, die Schurken in die Enge zu treiben und ihnen ihre Schuld nachzuweisen.

Wie ist das möglich?

12 Eine Frage des Alters

»Vorgestern«, sagte Frau Meisegeier, »war ich 51. Aber nächstes Jahr werde ich 54 Jahre alt sein!«

An welchem Tag hat Frau Meisegeier diesen Satz gesagt, und wann hat sie Geburtstag?

13 Klatschnaß

Ein Mann geht spazieren. Es fängt an zu regnen. Er hat keinen Hut auf und auch keinen Regenschirm dabei. Er geht trotzdem weiter. Seine Kleider werden naß. Seine Schuhe werden naß. Aber seine Haare werden nicht naß. Warum nicht?

14 Der arme Robinson

Am 132. Tag seines unfreiwilligen Aufenthaltes auf der Insel sieht Robinson zunächst ungläubig, dann höchst erfreut ein Schiff am Horizont auftauchen. Schnell schichtet er Holz auf, um ein Feuer anzuzünden, das man vom Schiff aus sehen kann. Zum Feuermachen besitzt er ein Stück Glas, mit dessen Hilfe ihm dies normalerweise gelingt.

Es ist Mittag, als er das Boot bemerkt, und der Himmel ist wolkenlos. Trotzdem muß Robinson mit ansehen, wie das Schiff gegen 3 Uhr verschwindet, ohne daß es ihm gelungen ist, das Feuer zu entzünden.

Warum wohl hat es diesmal mit dem Feuer nicht geklappt?

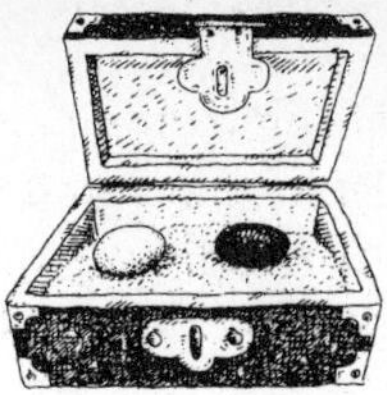

15 Das Geheimnis der Bohnen

In einem fernen Land lebte vor langer Zeit ein guter, aber leider etwas schwächlicher König. Die größte Macht im Lande hatte sein Minister.

Wenn ein Mann ein Verbrechen begangen hatte und mit dem Tode bestraft werden sollte, wollte ihm der gute König noch eine letzte Chance geben: Er ließ ein Kästchen bringen, in dem eine weiße Bohne und eine schwarze Bohne lagen. Dem Missetäter wurden die Augen verbunden, und er durfte sich eine Bohne herausnehmen. War es die weiße, durfte er sein Leben behalten, nahm er die schwarze, hatte er sein Leben verwirkt.

Doch merkwürdigerweise gelang es niemals irgendeinem Mann, die weiße Bohne zu greifen – immer kam die schwarze in die Finger der Verurteilten!

Im ganzen Land flüsterte man sich schließlich zu: »Der böse Minister hat bestimmt zwei schwarze Bohnen in den Kasten gelegt!«

Aber wie sollte man das beweisen?

Eines Tages wurde ein weiser Mann zum Tode verurteilt. Auch er hatte die Möglichkeit, eine Bohne zu ziehen. Er griff in den Kasten, holte eine heraus und verschluckte sie, ehe irgend ein Mensch sehen konnte, welche Bohne er genommen hatte.

Warum tat er das? Und was wurde aus ihm?

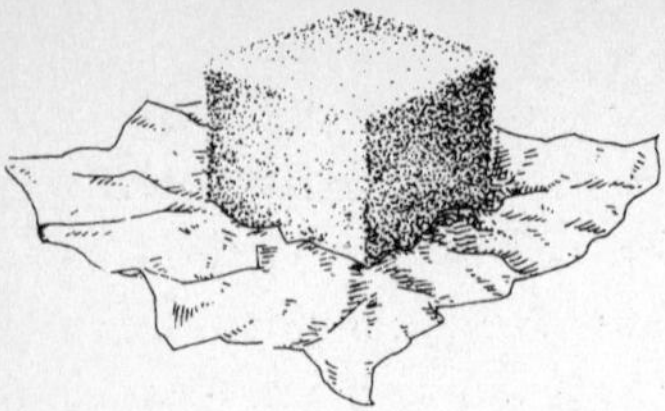

16 Zuckersüß

Eine Frau wickelt ein Stück Zucker aus dem Papier und wirft es in ihren Kaffee. Aber der Zucker wird nicht naß. Wieso?

17 Socken gesucht

Klaus-Heinrich war zu einer Party eingeladen. Als er abends in seiner – wie immer unordentlichen – Schublade nach Socken wühlte, ging plötzlich die Glühbirne in seinem Zimmer kaputt, und er stand im Dunkeln. Wie oft mußte Klaus-Heinrich auf den Flur ins Licht laufen, um sicher zu sein, daß er ein richtiges Sockenpaar erwischt hatte?

Ein Hinweis: Er hatte nur zwei verschiedene Sockenarten!

18 Die Flaschenpost

Eines Tages fand Harms Harmsen im Watt der kleinen Nordseehallig Pieperoog eine uralte Flaschenpost. Doch leider – er war ein waschechter Ostfriese – gelang es ihm bis an sein Lebensende nicht, die Nachricht auf dem brüchigen Zettel zu entziffern. Auch seine Riesenverwandtschaft konnte ihm nicht helfen!

Bist du schlauer?

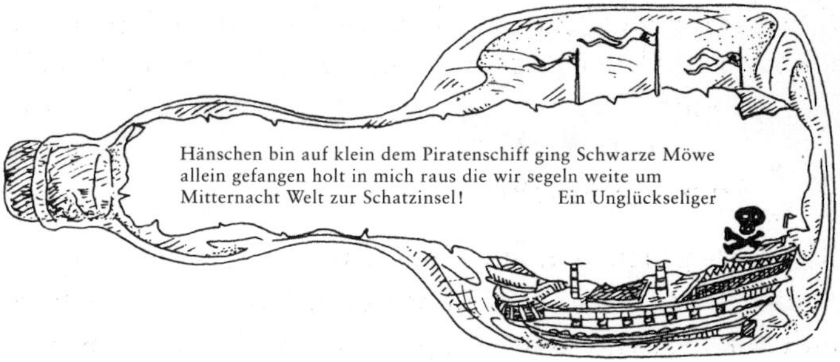

19 Problem mit Falten

Nimm die Doppelseite einer Tageszeitung. Wetten, daß niemand in der Lage ist, diese Seite zehnmal in der Mitte zusammenzufalten?

Warum wohl geht das nicht?

20 Fast ein Märchen

Es war einmal ein hübscher, junger Mann, der auch etwas Vermögen besaß. Er hieß Korbinian Pfefferle. Korbinian verguckte sich nun eines Tages in die ebenfalls hübsche, junge Tochter seines Brotgebers. Doch der hatte mit der schönen Elisabeth ganz andere, äußerst ehrgeizige Pläne und verwehrte Korbinian die

Hand seiner Tochter. Einige Jahre vergingen – aber kein weiterer Freier für Elisabeth tauchte auf.

Da flatterte Korbinian Pfefferle, der die Stadt aus Kummer längst verlassen hatte, ein Brief ins Haus: Elisabeths Vater war plötzlich doch bereit, den lieben Korbinian zu seinem Schwiegersohn zu machen! Korbinian hatte sofort eine Antwort bereit – sie bestand aus nur zwei Wörtern, und dazu hatte er einfach die Buchstaben von Elisabeths Namen umgestellt.

Was hat Korbinian wohl geschrieben?

21 Komische Verhältnisse …

a) Können zwei Mütter und deren zwei Töchter mit sechs Stricknadeln stricken?

b) Zwei Väter und zwei Söhne trinken 33 Glas Bier. Wieviel hat jeder getrunken?

c) Darf sich ein Amerikaner mit der Schwiegermutter seiner Schwägerin verheiraten?

d) Ein Vater hat drei Söhne, jeder Sohn hat eine Schwester. Die Kinder erben nun 100 000 Mark. Wieviel bekommt jedes Kind bei gleichmäßiger Verteilung?

e) A sagt, er sei der Sohn von B, doch B sei nicht sein Vater. Kann das sein?

f) Es stritt ein Mann mit einer Frau. Seine Mutter war die Schwiegermutter meiner Mutter. Wer ist wohl der Mann?

g) Der Vater dieses Mannes ist der Sohn meines Vaters, obgleich ich keine Geschwister habe. Wer ist der Mann?

h) Wie ist der Herr mit einer Dame verwandt, dessen Mutter das einzige Kind ihrer Mutter ist?

i) Kann in Schweden der Mann die Schwester seiner Witwe heiraten?
j) Wer ist die gesuchte Person, deren Mutter die Schwiegermutter meiner Mutter ist?
k) Ein Ehepaar hat mehrere Kinder. Jedes Mädchen hat ebenso viele Schwestern wie Brüder, und jeder Junge hat halb so viele Brüder wie Schwestern. Wie viele Kinder sind es?
l) Wann wird meine Mutter die Schwiegermutter deiner Schwester?

22 Immer am Ball bleiben!

In einem Loch liegt ein Pingpongball. Das Loch ist ein bißchen breiter als der Ball. Und es ist tiefer, als dein Arm lang ist. Stöcke sind nicht zugelassen. Wie kannst du den Ball trotzdem hochholen?

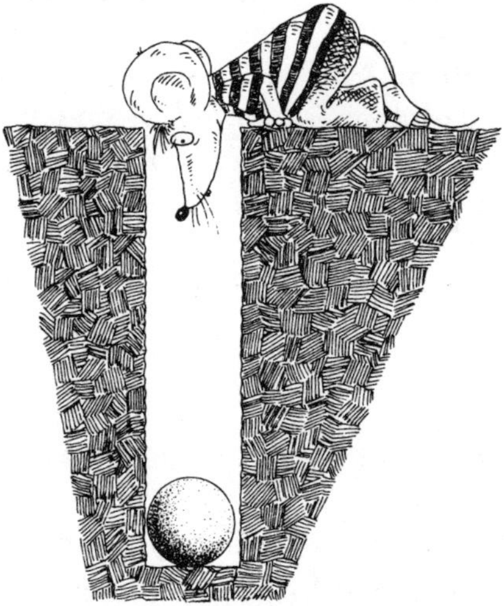

23 Elf in zehn Betten?

Mitten in der Nacht trifft ein Fußballverein im Gasthof »Zum Abseits« ein. Alle elf Spieler sind todmüde und wollen sofort ins Bett – jeder in ein eigenes. Der Wirt ist ausgesprochen verlegen und muß schließlich zugeben, daß nur zehn Betten vorhanden sind. Er wolle sich aber sofort um das elfte kümmern. Inzwischen könnten die Herren ja mal probieren, ob es nicht auch so ginge. Klar! Aber wie?

»Ganz einfach« sagt der Wirt und schickt die Spieler 1 und 2 ins erste Bett. »Nur provisorisch«, meint er. Spieler 3 kommt ins zweite, 4 ins dritte, 5 ins vierte und so weiter bis zum Spieler 10, der ins neunte Bett geht. Das zehnte Bett ist noch frei. Dahinein legt er Spieler 2 aus dem ersten Bett und sagt: »Hier liegt nun der elfte.«

Stimmt das?

24 Das gestohlene Auto

Ein Mann steht an einer Verkehrsampel und wartet auf Grün. Plötzlich sieht er ein Auto und schreit: »Halt! Dieser Wagen ist gestohlen!«

Woher weiß der Mann das!

25 Wie teilt man gerecht?

Zwei Goldsucher streiten sich bis aufs Messer um ein vielversprechendes Schürffeld, das sie zur gleichen Zeit entdeckt haben und das nun jeder für sich beansprucht. Der Sheriff soll den Streit schlichten, bevor es zu Mord und Totschlag kommt. Keine angenehme Aufgabe, denn wenn er das Feld ungerecht aufteilt, muß er mit der Rache des Benachteiligten rechnen. Da kommt dem Sheriff ein rettender Einfall.

Welcher?

26 Wo geht's lang?

Stell dir vor, du hast einen Ausflug in das dir unbekannte Großpuscheln gemacht. Es ist spät geworden, und du mußt mit dem Rad in stockdunkler Nacht nach Hause fahren. Als du an eine Kreuzung kommst, liegt zu allem Unglück der einzige Wegweiser weit und breit umgestürzt am Straßenrand.

Wie findest du trotzdem den richtigen Weg nach Hause?

27 Der Taubstumme

Eine geschwätzige alte Dame pflegte Taxifahrer mit ihrem Geplapper derartig zu nerven, daß einer von ihnen einmal auf die Idee kam, so zu tun, als wäre er taub und stumm.

Wie die alte Dame also zu ihm in den Wagen stieg, deutete er auf seinen Mund und seine Ohren, um damit zu zeigen, daß er weder sprechen noch hören könne. Tatsächlich schwieg die alte Dame ausnahmsweise auf dieser Strecke.

Am Ende der Fahrt las sie die fällige Summe vom Gebührenzähler ab, zahlte und ging weg. Wie sie aber gerade dem armen taubstummen Taxifahrer noch ein paar mitleidvolle Gedanken widmen wollte, fiel ihr auf, daß sie einem Trick aufgesessen war.

Wieso?

28 Zu Fuß

Frau Elfriede Kümmerlich wohnt im 23. Stock eines Hochhauses. Wenn sie früh am Morgen zur Arbeit geht, benutzt sie den Aufzug, um nach unten zu kommen. Doch wenn sie abends zurückkehrt, fährt sie immer nur bis zum 20. Stockwerk: Die restlichen drei Etagen steigt sie zu Fuß in ihre Wohnung. Da Frau Kümmerlich nach der Arbeit im allgemeinen reichlich müde ist, sich abends auch nicht mehr gern trimmt und meistens sogar schwere Einkaufstüten zu schleppen hat, ist ihr Verhalten ausgesprochen unlogisch.

Warum benutzt Frau Kümmerlich den Lift nicht bis in ihr Stockwerk?

Familie Piepenbrink aus Hamburg muß von ihrem Familienoberhaupt, Kapitän Ole Piepenbrink, Abschied nehmen, der mal wieder für lange Zeit auf große Fahrt geht. Um dem Vater eine Freude zu machen, stellen sich Piepenbrinks Söhne und seine Frau am Ufer der Elbe mit einem großen Schild auf, auf dem ein netter Abschiedsgruß zu lesen ist.

Kapitän Piepenbrink malt, zutiefst gerührt, schnell auch ein Schild.

Auf seinem Schild steht:

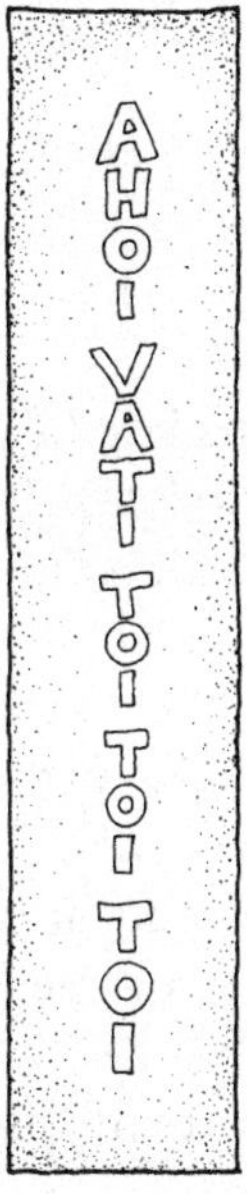

Auf dem Schild der Familie steht:

Diese herzzerreißende Szene wird von einem älteren Herrn beobachtet, der sich gerade mit einem großen Handspiegel die Zeit vertreibt. (Er spiegelt Leute an und blendet sie gemeinerweise!) Als er nun beide Plakate im Spiegel zu sehen bekommt, macht er eine äußerst seltsame Entdeckung. Du auch?

Noch mehr
REBUSrätsel

**Die Lösungen
zu diesem Kapitel
findest du
auf Seite 235.**

Und noch einmal stehen Rebusrätsel auf dem Programm. Was, meinst du, verbirgt sich wohl hinter den folgenden 16 Rätseln?

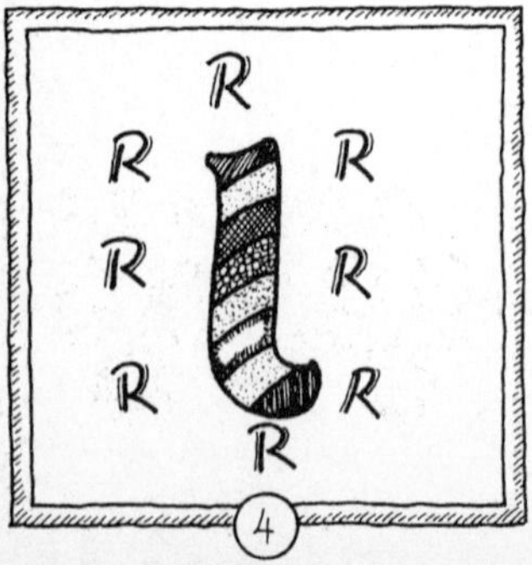

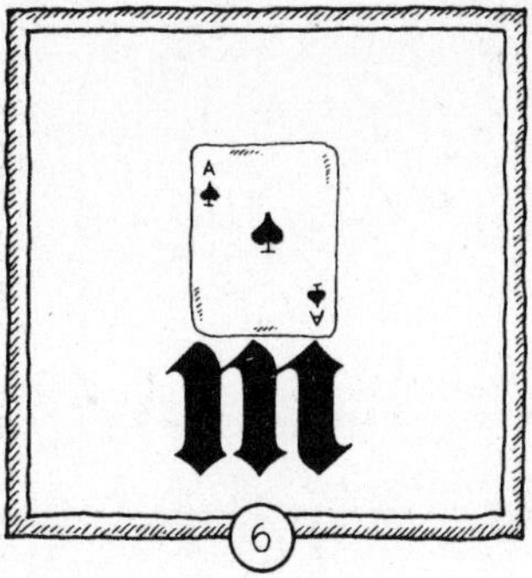
A
A
m
6

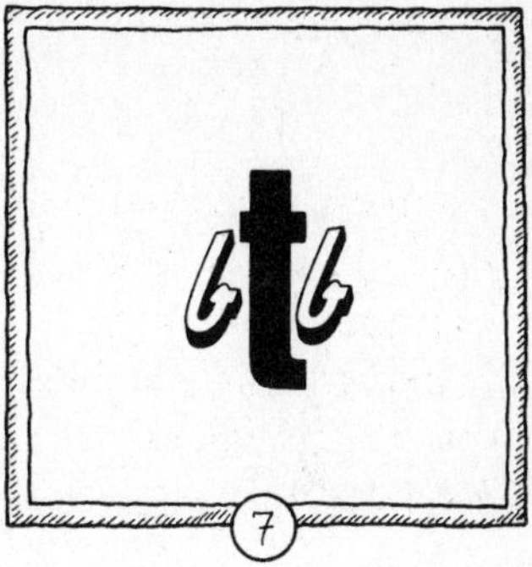
btb
7

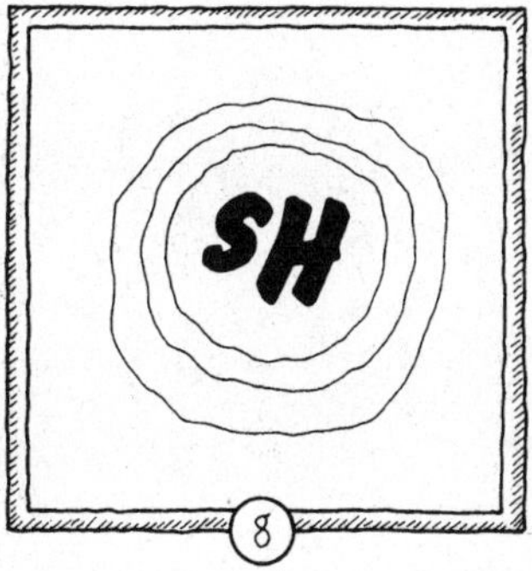
SH
8

f ll a
9

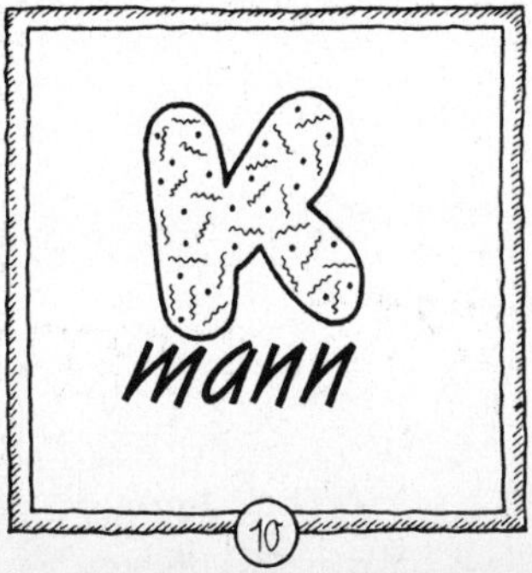
K
mann
10

eeeeeeeee
GGGGG
11

T
T
12

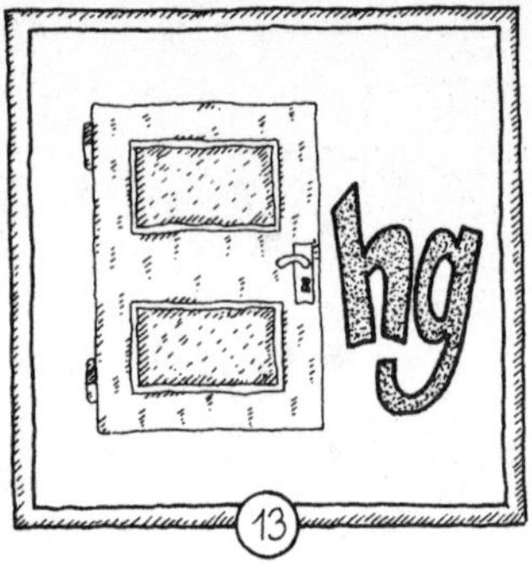
hg
13

Br
Br
Br
Br
bär
Br
Br
Br
Br
14

Kind
nimmst
was
leg
du
15

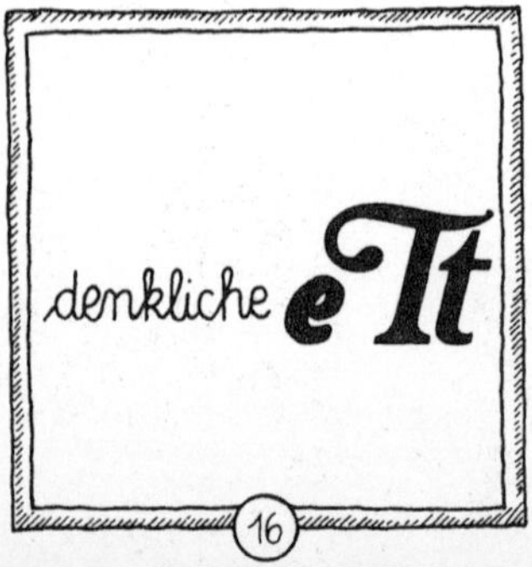
denkliche
e
Tt
16

7 Rechenkunst und Zahlenzauber

1 Ferkelpfund

Bauer Harmsen will auf dem Viehmarkt ein Ferkel kaufen. Der Verkäufer erklärt ihm: »Das Ferkel wiegt 10 Pfund plus die Hälfte seines Gewichts.«

Bauer Harmsen grübelt, wie schwer das Ferkel wohl ist. – Weißt du es?

2 Gerecht geteilt?

Zwei Beduinen setzen sich unter einen Baum in der Wüste, um ihre Mahlzeit zu halten. Jeder legt seine Brote heraus, der eine fünf, der andere drei. Als sie eben anfangen wollen, kommt ein Fremder hinzu.

»Darf ich mitessen?«

»Gern!« ist die Antwort, und sie essen die Brote zu gleichen Teilen. Der Fremde legt dafür acht Goldstücke hin und entfernt sich. Dei beiden Beduinen teilen diese nach der Zahl ihrer Brote: Der eine nimmt fünf und der andere drei Goldstücke. Haben sie richtig geteilt?

Die Lösungen zu diesem Kapitel findest du auf Seite 236.

3 Schlag auf Schlag

Wieviel Schläge tut eine Uhr, die Stunden schlägt, von Mittag bis Mitternacht?

4 Schätzungsweise

Wie oft können die Buchstaben des Alphabets wohl versetzt werden?

5 Der Zeit voraus

Eine elektrische Uhr geht im Laufe eines 24-Stunden-Tages 5 Minuten vor. Niemand stellt sie richtig ein. Wie lange braucht sie, bis sie wieder die richtige Uhrzeit anzeigt?

6 Knödel in rauhen Mengen

Otto kann in einer Stunde 36 Zwetschgenknödel verdrücken. Hans braucht dagegen ganze 3 Stunden dazu. In welcher Zeit bewältigen die beiden 36 Knödel, wenn sie zur gleichen Zeit mit der Mahlzeit beginnen?

7 Ein schlechter Witz?

Frau Beilhack besorgt dies und das in einem Geschäft. Zusammengerechnet macht alles 9,90 DM. Sie reicht der Kassiererin einen 20-Mark-Schein. Diese blickt zuerst ratlos in ihre Registrierkasse, dann bittet sie Frau Beilhack, mit einem 50-Mark.Schein zu bezahlen.

Wollte die Kassiererin einen Witz machen?

8 Zahnweh

Eine Briefmarke hat 86 Zähne. Die Längsseite hat fünf Zähne mehr als die Querseite. Wie viele Zähne hat jede Seite?

9 Bettensorgen?

Der Wirt preist seinen 36-Betten-Gasthof an, der 220 Ein- und Zweibettzimmer habe.

»Wie viele Zweibettzimmer haben Sie denn?« fragte ein Gast.

»Das können Sie ganz leicht selbst ausrechnen«, fordert der Wirt ihn auf.

Wie viele sind es?

10 Die schnelle Blume

Im Garten steht eine schnell wachsende Sonnenblume. Wenn sie ihre Höhe jede Woche verdoppelt, wird sie in 12 Wochen eine Höhe von 12 Metern erreicht haben.

Was meinst du, nach wieviel Wochen ist die Sonnenblume 6 Meter hoch?

11 Der schnelle Waldmann

Förster Grün verläßt mit seinem Hund Waldmann das Wirtshaus, das acht Kilometer vom Forsthaus entfernt ist, und strebt heimwärts. Waldmann läuft doppelt so schnell wie der Förster nach Hause und wieder zurück zu seinem Herrn. So treibt er das, bis auch der Förster daheim ankommt.

Wie viele Kilometer ist Waldmann gelaufen?

12 Reingefallen?

Wenn drei Katzen drei Mäuse in 3 Minuten erlegen können, wie lange brauchen dann 999 Katzen, um 999 Mäuse zu erlegen?

13 Kassensturz bei Mark und Markus

Mark und Markus leeren ihre Geldbeutel aus und zählen ihr Bargeld. Sie wollen einen Ausflug machen und sich unterwegs Limonade und ein Schinkenbrot kaufen, und – sie wollen außerden einen Tag später ins Kino gehen! Da macht Mark seinem Freund Markus eine Vorschlag.

»Gib mir doch eine Mark von deinem Geld ab, dann haben wir beide gleich viel!«

Markus dagegen glaubt, eine bessere Idee zu haben. »Ne, gib du mir lieber eine Mark, dann habe ich nämlich doppelt soviel wie du!«

Findest du heraus, wieviel Geld jeder der beiden hat?

14 Kindersegen

Lange hat Herr Traurig den Tod seiner ersten Frau beklagt, aber dann entschließt er sich doch, seinen Kindern wieder eine Mutter zu geben. Herr Traurig heiratet also Frau Fröhlich, die ebenfalls verwitwet ist und Kinder mit in die Ehe bringt. Nun bekommen die beiden in den folgenden 10 Jahren noch gemeinsame Kinder, so daß schließlich insgesamt zwölf Kinder zu der Familie gehören. – Mutter und Vater haben jeder neun leibliche Kinder. Wie viele also wurden Herrn und Frau Traurig, verwitwete Fröhlich, im Laufe dieser 10 Jahre geboren?

15 Auf den Hund gekommen!

Hundeausstellung! Welch großer Tag im Leben von Waldi, Struppi, Bello und wie sie alle heißen!

Nun stell dir mal vor, auch du würdest die Welt aus

dem Blickwinkel eines Vierbeiners sehen und wolltest wissen, wie viele Hunde mit ihren Herrchen oder Frauchen da sind. Es würde dir nichts anderes übrigbleiben, als die Beine zu zählen und dann zu rechnen ... Genau das sollst du bei unserer Denkaufgabe auch tun!

Wie viele Menschen und wie viele Hunde sind auf der Ausstellung vertreten, wenn 110 Beine herummarschieren und fünf Herrchen (nicht vergessen: auch sie haben Beine!) sogar je zwei Hunde an der Leine führen?

16 Das Turnier

Bei einem Dameturnier machen 64 Leute mit. Bei diesem Turnier scheidet jeder Spieler, der ein Spiel verliert, automatisch aus. Wie viele Spiele müssen gespielt werden, bis der Sieger auf sein Podest steigen kann?

17 In 15 Sekunden

Kannst du die Zahl elftausendelfhunderundelf in 15 Sekunden in Ziffern schreiben?

18 Zwei Krüge

Stell dir vor, du hast zwei Krüge. Der eine faßt 5 Liter und der andere 3. Du brauchst aber nur 4 Liter.

Wie kommst du zu deinen 4 Litern?

19 Verkleinern ohne Abzug

Wie kannst du diese Zahl verkleinern, ohne auch nur eine einzige Zahl abzuziehen?

999

20 Kopfrechnen leichtgemacht

Jemand soll sich eine achtstellige Zahl ausdenken. (Er kann sie auch aufschreiben, wenn er im Kopfrechnen schwach ist.) Diese Zahl soll er verdoppeln, dazu dann 4 addieren, das Ergebnis halbieren und davon die gedachte Zahl abziehen.

Du wirst nach dieser anstrengenden Kopfarbeit immer ganz lässig das Ergebnis nennen können! Wetten, daß...?

21 Gemeinsamkeiten

Bei diesem kleinen Zahlenratespiel kommt es darauf an zu erkennen, was alle drei Zahlenquadrate gemeinsam haben.

I

2	7	6
9	5	1
4	3	8

II

1	2	3	4
2	3	2	3
4	1	4	1
3	4	1	2

III

1	7	13	19	25
18	24	5	6	12
10	11	17	23	4
22	3	9	15	16
14	20	21	2	8

22 Alterssorgen

Der Sohn ist 15 Jahre alt. Der Vater dreimal älter.

In wieviel Jahren wird der Vater nur noch doppelt so alt sein wie sein Sohn?

23 Summe 1000

Die Ziffer 8 kann man achtmal so anordnen, daß sich als Summe 1000 ergibt. Schaffst du das?

88888888

24 Der Wachmann

Wieviel gibt 3 mal 3 und ein pflichtbewußter Wachmann?

25 Was gehört dazwischen?

Was mußt du zwischen die Zahl 2 und 3 setzen, damit du eine Zahl bekommst, die größer als 2 und kleiner als 3 ist?

13

26 Die verflixte 13

Zwei ganze Zahlen geben, miteinander malgenommen, genau 13.

Wie heißen diese Zahlen?

27 Was ißt Thomas?

Thomas sagt zu seinem Freund: »Heute esse ich die Summe, die sich ergibt aus der Hälfte von 1, der Hälfte von 2 und der Hälfte von 3. Rate mal, was und wieviel ich esse!«

28 36 weniger 6 ist zwölfmal eine gerade Zahl

Von 36 Knöpfen sollen 6 weggenommen werden. Aber in jeder waagrechten und in jeder senkrechten Reihe darf immer nur eine gerade Zahl (4 oder 6) übrigbleiben!

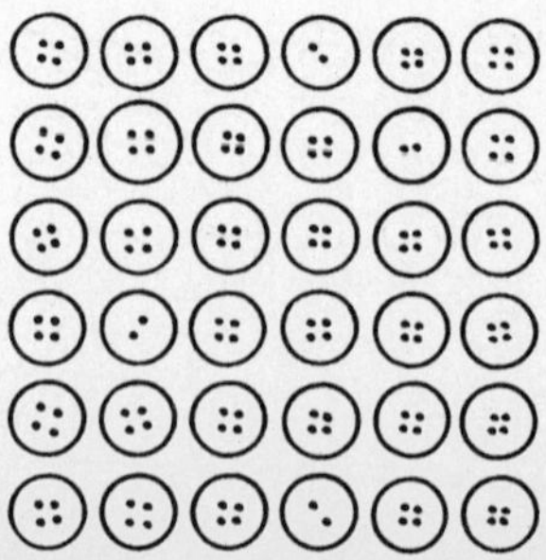

29 Teilweise

Teile die Zahl 150 in drei Teile, und zwar so, daß der zweite Teil dreimal so groß ist wie der erste und der dritte doppelt so groß wie der zweite.

30 Sternenklar

Kannst du die Rechnung vervollständigen, indem du die Sterne durch jeweils die gleiche Ziffer ersetzt?

31 Der Rest ergibt sich

Dein Freund denkt sich eine dreistellige Zahl und schreibt sie auf. Dahinter schreibt er diese Zahl mit den gleichen Ziffern, nur in umgekehrter Reihenfolge. Dann zieht er die kleinere Zahl von der größeren ab und verrät dir vom Ergebnis die letzte (rechte) Ziffer.

Du aber kennst den ganzen Rest. Oder?

32 Zahlenhellsehen

a) Andrea fordert ihre Freundin Karin auf: »Denk an eine bestimmte Zahl. Zähle sieben hinzu. Verdopple die Zahl, die du jetzt hast. Ziehe davon 4 ab. Welche Zahl hast du jetzt?«
Karin: »38!«
Ohne zu zögern, antwortet Andrea: »Die Zahl, an die du anfangs gedacht hast, war 14!«
Karin wundert sich. »Mensch, ja! Wie bist du darauf gekommen?«
Weißt du's?

b) Andrea hat noch mehr Rechentricks auf Lager.
»Denk dir eine Zahl von 1 bis 9«, bittet sie Karin. »Nimm sie mit 5 mal. Zähle 3 dazu, und verdopple dein Ergebnis. – Was kommt raus?«
»36«.
Andrea antwortet prompt: »Du hast dir die 3 gedacht. Stimmt's?«
Natürlich stimmt's, und Karin staunt.
Du auch? Dann guck dir die Lösung an.

33 In welcher Hand?

Wetten, daß du herausfinden kannst, in welcher Faust dein Gegenüber ein Fünfpfennigstück hält und in welcher Faust ein Zehnpfennigstück?

34 Reich oder arm, jung oder alt?

Suche dir für diesen Trick jemanden aus, der ein paar Münzen in der Tasche hat. Du wettest, daß du sein Alter und die Geldmenge erraten kannst.

Zunächst gibst du deinem Mitspieler folgende Anweisungen: »Nimm dein Alter mal 2. Zähle 5 hinzu. Nimm die Summe mit 50 mal. Rechne die Markstücke dazu, die du in der Tasche hast. Ziehe von der Gesamtsumme die Anzahl der Tage eines Jahres, also 365 ab. Nenne mir das Ergebnis.«

Mit Hilfe des Ergebnisses hast du keine Schwierigkeiten mehr, über Alter und Geldbetrag Auskunft zu geben. Wie das?

Du brauchst zu der angegebenen Zahl nur noch 115 hinzuzuzählen, und damit hast du todsicher Alter und Geldbetrag!

35 Die Zaubertafeln

Du schneidest dir sieben Papptafeln in Spielkartengröße zurecht und beschriftest sie mit den abgebildeten Tabellen. Dann forderst du einen Freund auf, sich eine Zahl zwischen 1 und 100 zu denken. Du reichst ihm deine Tafeln der Reihe nach und fragst ihn, ob sich die gedachte Zahl darauf befindet. Wenn du nun jedesmal die erste Zahl von allen Tafeln, auf der sich die gedachte Zahl befindet, zusammenzählst, so bekommst du die richtige Zahl und kannst sie beim Vorzeigen der siebten und letzten Tafel zur Verblüffung aller, ohne zu zögern, sagen!

Tafel 1

1	3	5	7	9	11	13	15	17	19
21	23	25	27	29	31	33	35	37	39
41	43	45	47	49	51	53	55	57	59
61	63	65	67	69	71	73	75	77	79
81	83	85	87	89	91	93	95	97	99

Tafel 2

2	3	6	7	10	11	14	15	18	19
22	23	26	27	30	31	34	35	38	39
42	43	46	47	50	51	54	55	58	59
62	63	66	67	70	71	74	75	78	79
82	83	86	87	90	91	94	95	98	99

Tafel 3

4	5	6	7	12	13	14	15	20	21
22	23	28	29	30	31	36	37	38	39
44	45	46	47	52	53	54	55	60	61
62	63	68	69	70	71	76	77	78	79
84	85	86	87	92	93	94	95		

Ein Beispiel: Dein Freund hat sich die Zahl 85 gedacht. Du erfährst, daß sich diese Zahl auf den Tafeln 1, 3, 5 und 7 befindet. Zählst du nun 1, 4, 16 und 64 zusammen, so bekommst du 85.

Tafel 4

8	9	10	11	12	13	14	15	24	25
26	27	28	29	30	31	40	41	42	43
44	45	46	47	56	57	58	59	60	61
62	63	72	73	74	75	76	77	78	79
88	89	90	91	92	93	94	95		

Tafel 5

16	17	18	19	20	21	22	23	24	25
26	27	28	29	30	31	48	49	50	51
52	53	54	55	56	57	58	59	60	61
62	63	80	81	82	83	84	85	86	87
88	89	90	91	92	93	94	95		

Tafel 6

32	33	34	35	36	37	38	39	40	41
42	43	44	45	46	47	48	49	50	51
52	53	54	55	56	57	58	59	60	61
62	63	96	97	98	99				

Tafel 7

64	65	66	67	68	69	70	71	72	73
74	75	76	77	78	79	80	81	82	83
84	85	86	87	88	89	90	91	92	93
94	95	96	97	98	99				

a) Kleingeld

Versuch doch mal mit Hilfe eines Taschenrechners zu erraten, wieviel Kleingeld jemand bei sich hat. Angenommen, dein Vater hat 18,25 DM in der Tasche.

Gib deinem Vater deinen Rechner.

Er tippt die vollen Mark ein.	18
mal 10	· 10
plus 20	+ 20
mal 10	· 10
plus 165	+ 165
plus den Betrag der Pfennige	+ 25
Du nimmst den Rechner und tippst – 365.	– 365
	= 1825

Die ersten beiden Stellen sind Mark, die letzten beiden Pfennige. Also: 18,25 DM.

b) Alter und Gewicht

Angenommen, Dein Freund ist 46 Jahre und wiegt 68 Kilo.

Gib ihm den Rechner.

Er soll sein Gewicht in Kilo eintippen.	68
mal 5	· 5
plus 36	+ 36
mal 20	· 20
plus seinem Alter in Jahren	+ 46
Du selbst tippst minus 720 ein.	– 720
	= 6846

Die ersten beiden Stellen geben das Gewicht an, die letzten beiden das Alter.

c) Geburtsdatum

Angenommen, ein Bekannter wurde am 29. März 1944 geboren.

Gib dem Bekannten den Rechner.

Er soll den Monatstag eintippen.	29
mal 20	·20
plus 3	+3
mal 5	·5
plus den Monat als Zahl (März = 3, Mai = 5...)	+3
mal 20	·20
plus 3	+3
mal 5	·5
+ das Geburtsjahr (die letzten beiden Stellen)	+44
Du selbst tippst minus 1515 ein.	−1515
	=290344

Die ersten beiden Stellen ergeben den Tag, die nächsten beiden den Monat und die letzten beiden das Jahr der Geburt.

d) Größe und Schuhgröße

Angenommen, ein Verwandter ist 1,68 m groß und hat Schuhgröße 42.

Gib ihm den Rechner.

Er soll seine Größe eintippen.	168
mal 2	·2
plus 5	+5
mal 10	·10
mal 5	·5
plus die Schuhgröße	+42
Du selbst tippst minus 250	−250
	=16842

Die ersten drei Zahlen ergeben die Größe, die letzten beiden die Schuhgröße.

N ch mehr
O
Rätsel
und
Blödeleien

1. Herr Silje geht voller Stolz zum Standesamt, um seinen neugeborenen Sohn anzumelden. Als er den Vornamen des Knaben nennt, muß der Standesbeamte lachen.
   Welchen Namen hat Herr Silje unbedacht für seinen Sohn ausgesucht?
   a) Achim?
   b) Ruprecht?
   c) Peter?

2. Was entsteht, wenn man ein Mädchen namens Monika am Haar zieht?

3. Du willst im Ofen Feuer machen und hast außer einem einzigen Zündholz folgende Dinge: eine Zigarre, eine Kerze, eine Flasche Petroleum, einen Haufen Kohlen, etwas Holzwolle und ein Paket Zunder. Was zündest du zuerst an?

Die Lösungen zu diesem Kapitel findest du auf Seite 243.

4. Ein Wanderer verliert in einer Höhle erst seine Lampe und dann die Orientierung. Er besitzt aber noch eine große Schachtel mit über 100 Zündhölzern. Ein Hölzchen brennt allerhöchstens 30 Sekunden.

   Wie viele Zündhölzer verbraucht der Wanderer, bis er eine halbe Stunde später den Höhlenausgang erreicht hat?

5. Wieviel gibt das zusammen: vier pflichtbewußte Polizisten, fünf stumpfe Rasiermesser, drei Bruchstriche, ein Zahnarzt, ein Hase?

6. Ein 37jähriger Tourist kommt während eines sechswöchigen Afrikatrips auch zu einem Kannibalenstamm. Dort stecken ihn vier Meisterköche, die zusammen 111 Jahre alt sind, in einen großen Zuber. Sie wollen aus ihm ein Süppchen kochen. Doch nach 5 Stunden ist der Tourist noch immer nicht gar. Und damit ist klar, woher er stammt.

   Woher wohl?

7. Welche Vögel, die aus Eiern schlüpfen, legen selbst keine Eier?

8. Warum ist es unmöglich, eine Glasflasche in einem leeren Sack zu zerschlagen, selbst wenn man ihn mit aller Gewalt an eine Wand schlägt?

9. Ein Mann geht von Köln nach Bonn. Da begegnet er einer Herde von 83 Schafen, die von einem Schäfer mit einem Hund begleitet wird, und einer Frau, die in einem Armkorb sieben Kätzchen trägt. Wie viele Beine gehen nach Bonn?

10. Wie ist der Herr mit dir verwandt, dessen Mutter deiner Mutter Schwiegermutter ist?

11. Stell dir ein Pfennigstück vor und ein Fünfmarkstück. Wie viele Pfennigstücke wiegen wohl soviel wie das Fünfmarkstück?

12. Du gehst um 20.00 Uhr ins Bett und stellst den Wecker deiner Uhr auf 9.00 Uhr morgens. Wie viele Stunden kannst du schlafen?

13. Wie viele Handschuhe besitzt jemand, der mehr Hände als Handschuhe hat?

14. Wenn du von 15 Kerzen auf deinem Geburtstagskuchen drei ausbläst, wie viele bleiben übrig?

15. Wann darf ein Bauer lügen?

16. Eine Reihe von Monaten hat 31 Tage, anderr nur 30. Wie viele Monate haben 28 Tage?

17. Eine Gruppe von Freunden macht eine Wanderung. Einer geht vor zweien. Einer geht zwischen zweien. Einer geht hinter zweien. Wie viele sind es mindestens?

18. Warum ernähren sich Eisbären von Fischen, statt die größeren und nahrhafteren Pinguine zu fangen?

19. Was kommt einmal im Monat, was zweimal im Moment und was nie in 10 000 Jahren?

20. Wer antwortet in allen Sprachen der Welt, ohne je eine davon gelernt zu haben?

21. Hans träumt, seine beiden Freunde seine von der Brücke ins Wasser gefallen. Beide zugleich kann er nicht retten. Was soll er tun? Hast du eine Idee?

22. Welche Kerze brennt am hellsten: eine dünne, eine mittelstarke oder eine dicke?

23. Ein Kartoffelhändler ist 53 Jahre alt, 170 Zentimeter groß, dabei dick und rund. Was wird er wohl wiegen?

24. Wie schaffst du es, ein rohes Ei ohne irgendeine weiche Unterlage 90 Zentimeter tief fallen zu lassen, ohne daß es zerbricht?

25. Welcher Peter macht den meisten Lärm?

26. Herr Siebzehnriebel hat sechs Töchter. Jede seiner Töchter hat einen Bruder. Wie viele Kinder hat der Mann?

27. Stell dir vor: Du hast 17 Äpfel und möchtest sie gerecht unter fünf Kinder verteilen. Was machst du?

28. Du bist eingeladen worden, und man bietet dir eine Tasse Tee an. Du wirfst ein Stückchen Zucker hinein, nimmst den Löffel, verrührst den Zucker, hebst die Tasse an den Mund und trinkst.
Was hast du falsch gemacht?

29. Wie oft kann man einen Meter von 100 Meter Schnur abschneiden?

30. Wo ist der Abstand zwischen warm und kalt am dünnsten?

31. Wie oft fallen im Lauf eines Jahrhunderts Heiligabend und Silvester in das gleiche Jahr?

32. In welcher Stadt kann selbst der größte Sünder beim Bischof beichten, ohne daß er rote Ohren bekommt?

33. Wie muß es heißen: »7 mal 18 ist 136« oder »7 mal 18 sind 136«?

34. Findest du die drei Fehler auf diesem Zettel?

35. Wie kommt es, daß das Meer alle großen Flüsse der Erde aufnimmt und dennoch nicht überläuft?

36. Was ist besser: eine Uhr, die nicht mehr gestellt werden kann und Tag für Tag eine weitere Minute nachgeht, oder eine Uhr, die überhaupt nicht mehr geht?

37. Wie kann man 7 Tage der Woche nennen, ohne ein einziges Mal den Buchstaben a auszusprechen?

38. Wo findet auch der unbeliebteste Mensch Sympathie?

39. Was hat zwei Enden?

40. Am 8. August 1988 waren drei Millionen Leute in London. Warum?

41. Wußtest du schon, daß gerade Salzbrezeln auch Salzstangen genannt werden?

42. Und wußtest du, daß es **das** Hausschwein, **das** Wildschwein und auch **das** Warzenschwein, aber **das** Kirschwein heißt?

43. Wußtest du aber auch, daß es eine schlechte Angewohnheit ist, Sätze nicht zu Ende zu schrei

Von den Augen reingelegt

1 Ganz normal

Auf den ersten Blick sehen die Zeichnungen ganz »normal« aus. Doch auf den zweiten...?

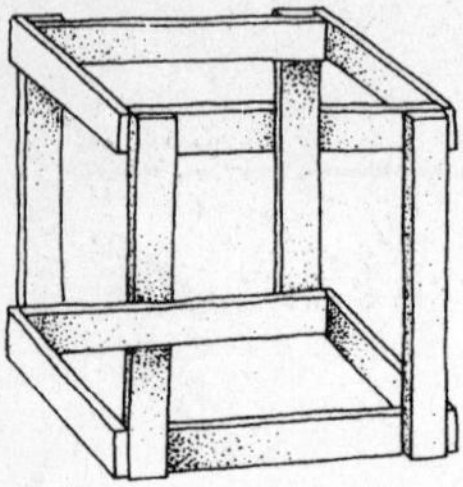

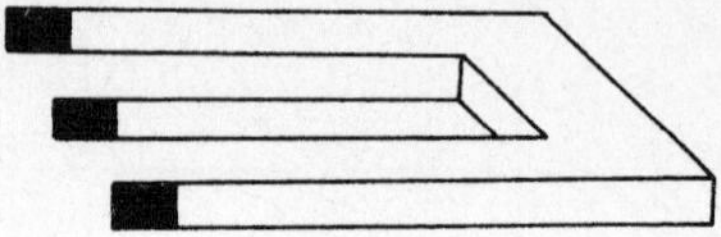

2 Groß und klein

Welcher der beiden dunklen Punkte ist größer?

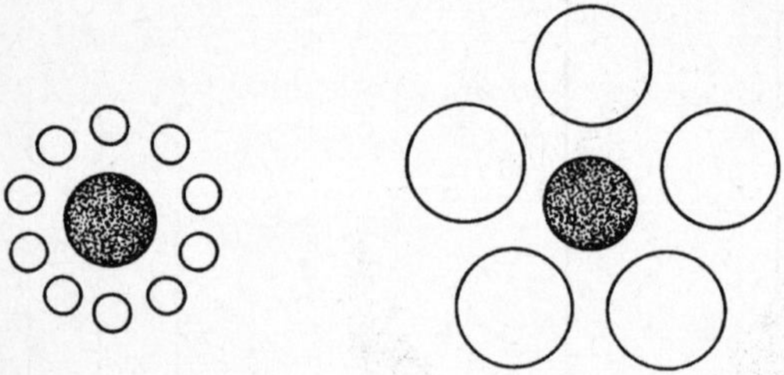

3 Lang und kurz

Welche senkrechte Linie ist länger?

Die Lösungen zu diesem Kapitel findest du auf Seite 246.

4 Das Alter einer Frau

Siehst du die junge oder…?

5 Konturen

Ist das eine Vase?

6 Teppichmuster?

Was siehst du – verworrene Ornamente oder…?

7 Hieroglyphen?

In einem abgelegenen Stollen der Pyramide des Pharaos Tut-Euch-Nix entdeckte der berühmte britische Archäologe Professor Henry Skarabäus am 18. August 1887 eine äußerst seltsame Inschrift: Sie schien ihm so gar nicht der bekannten altägyptischen Schreibweise ähnlich zu sein! Professor Skarabäus brauchte über ein Jahr intensiver Forschungsarbeit, bis er hinter die Bedeutung der Schriftzeichen kam. Daraufhin ärgerte er sich so, daß er sich auf der Stelle pensionieren ließ!

Kriegst du heraus, was Professor Skarabäus entzifferte?

8 Kreisrund

Wie viele richtige Kreise erkennst du?

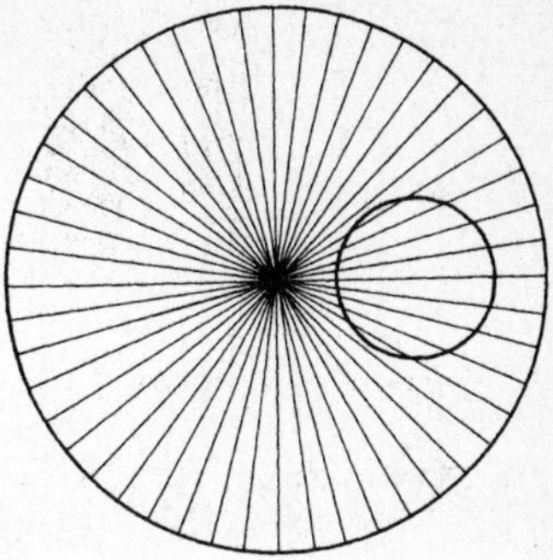

9 Mit Augenmaß

Was du hier siehst, sind die Bruchstücke einzelner Buchstaben. Stell dir mal vor, die weißen Flächen innerhalb der beiden Schilder wären durchsichtig und du würdest beide Tafeln genau deckungsgleich übereinanderlegen.

Welchen Städtenamen könntest du dann lesen?

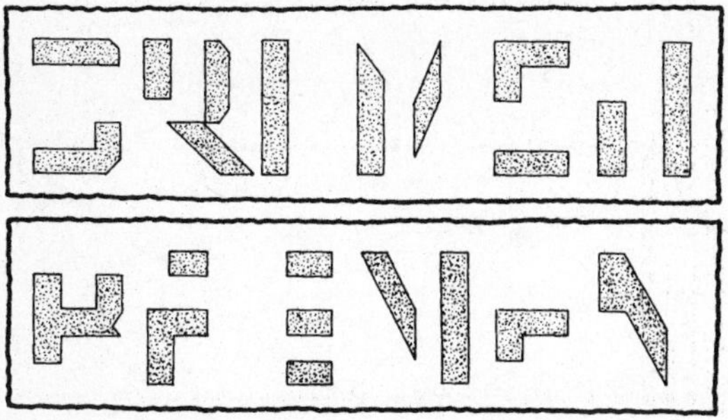

10 Geheimbotschaft

Um diese Zeichen entziffern zu können, brauchst du etwas Phantasie und einen »guten Blick«.

Wie lautet die Botschaft?

11 Wer A sagt…

Welche Linie ist länger? Linie A oder Linie B?

12 Der Pfennig auf dem Tisch

Versuche mal, ein Pfennigstück so auf den gezeichneten Tisch zu legen, daß es an keiner Kante anstößt!

13 Das verschobene Quadrat

Siehst du in dem großen Quadrat noch ein Quadrat – oder ein Trapez?

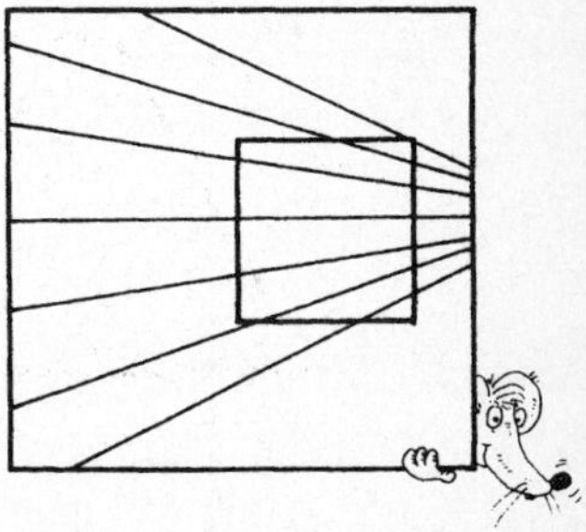

14 Halbkreise

Erkennst du auf den ersten Blick, welcher der fünf rechten Halbkreise die Fortsetzung des linken Kreisabschnittes ist?

15 Die Vermehrung des Geldes

Wenn du zwei Fünfmarkstücke zwischen Daumen und Zeigefinger nimmst und sie ganz schnell aneinanderreibst, taucht plötzlich ein drittes Fünfmarkstück auf.

Hexerei?

16 Schwierige Entscheidung

Was meinst du, zeigen die weißen Flächen der Würfel nach rechts oben oder eher nach links unten?

17 Verwirrspiel

a) Wo befindet sich der Punkt – rechts oben an der Vorderseite des Würfels oder rechts oben hinten oder links unten hinten?
b) Ist der Schatten des Würfels rechts innerhalb oder außerhalb des Quadrats?

18 Kugeln im Quadrat

Wie viele Kugeln passen in das Viereck oben wohl hinein?

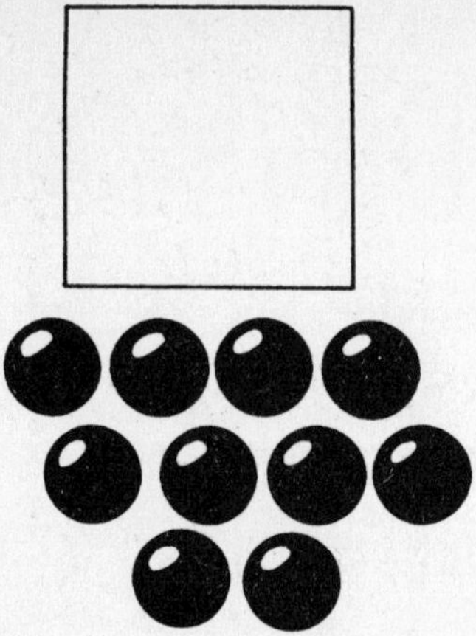

19 Der dritte Finger

Du hältst deine ausgestreckten Zeigefinger wie auf dem Bild ungefähr 5 Zentimeter vor deine Augen. Schau jetzt unverwandt in den Zwischenraum. Schon nach kurzer Zeit wird hier ein dritter Finger sichtbar, der frei in der Luft schwebt.

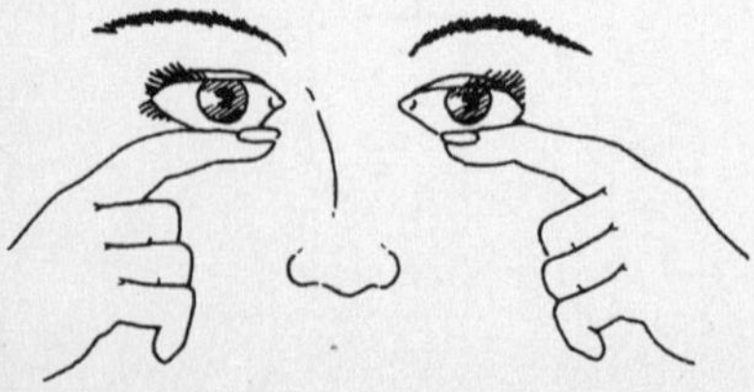

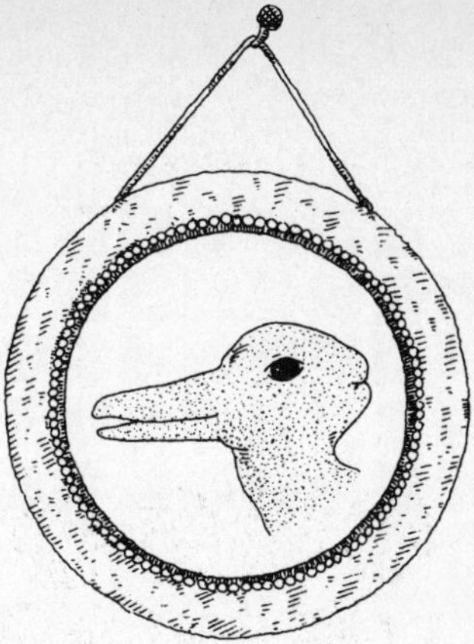

20 Was ist das?

Dieses Tier kennst du bestimmt! Oder?

21 Das merkwürdige T

Der obere Querbalken des T ist erheblich kürzer als der Längsstrich, oder?

22 Das trügerische Muster

Was siehst du? Schwarze Quadrate, ein weißes Gitter, kleine graue Punkte?

23 Schläft Direktor Möllemann?

Hier siehst du ein Bild von Direktor Möllemann. Was meinst du: Schläft er, oder beobachtet er dich?

Zu guter Letzt:
Drudel
zum Abgewöhnen

Die Lösungen zu diesem Kapitel findest du auf Seite 249.

Zu guter Letzt und zum Abgewöhnen noch einmal ein paar Drudel. Was mag das wohl sein, was du auf den Bildern hier sehen kannst?

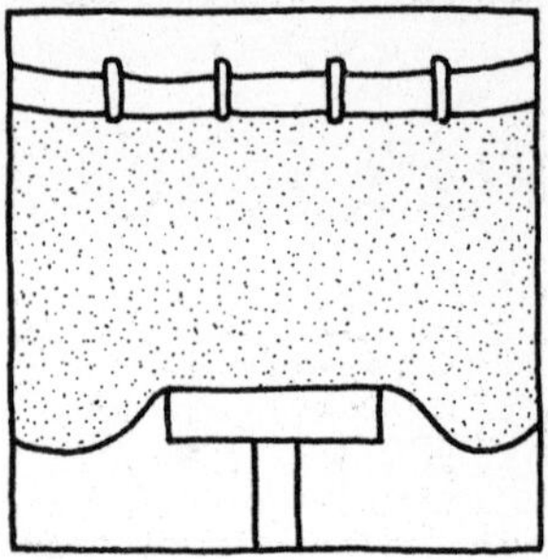

1.

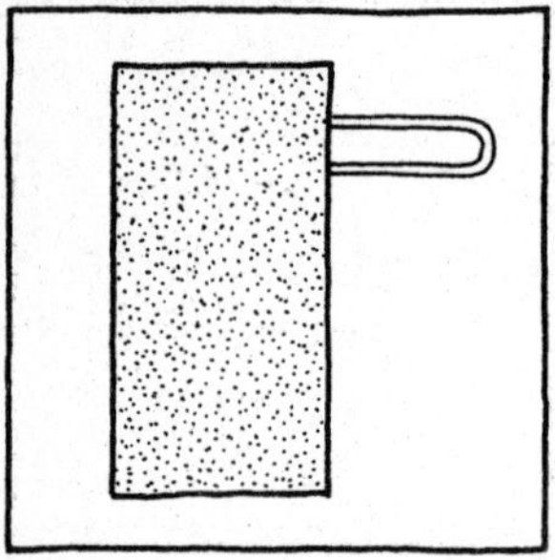

2.

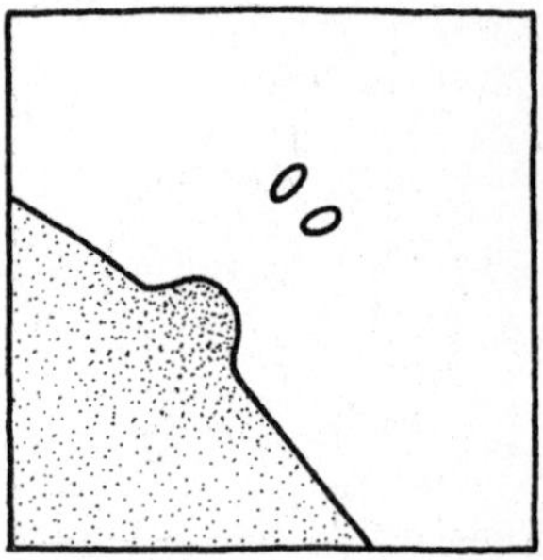

3.

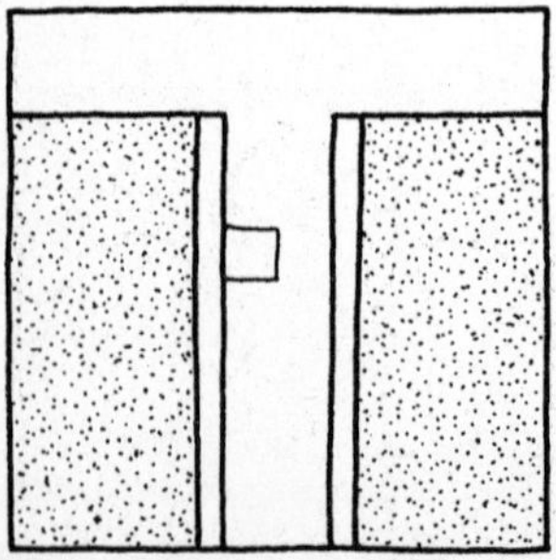

4.

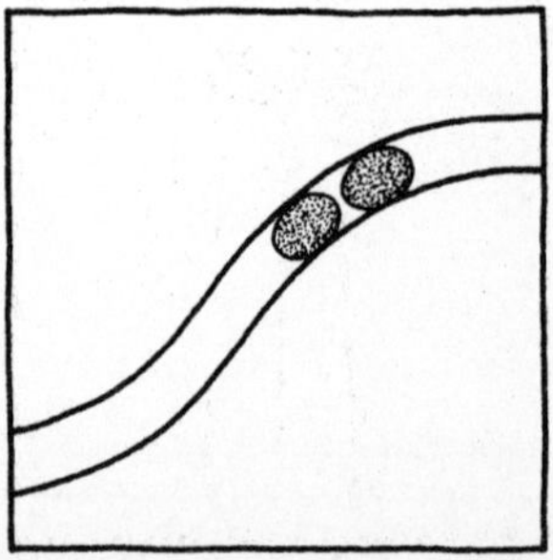

5.

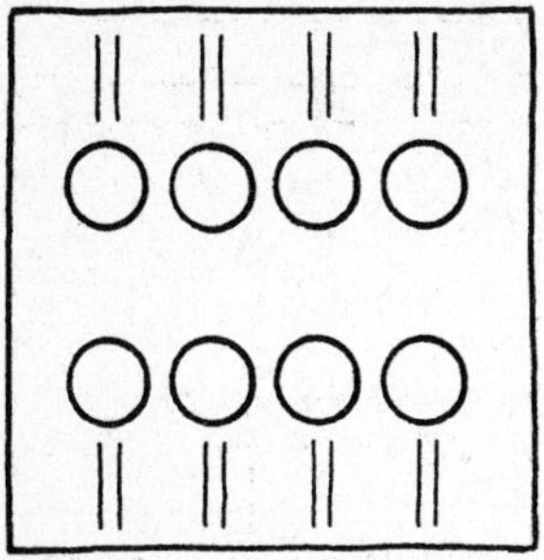

6.

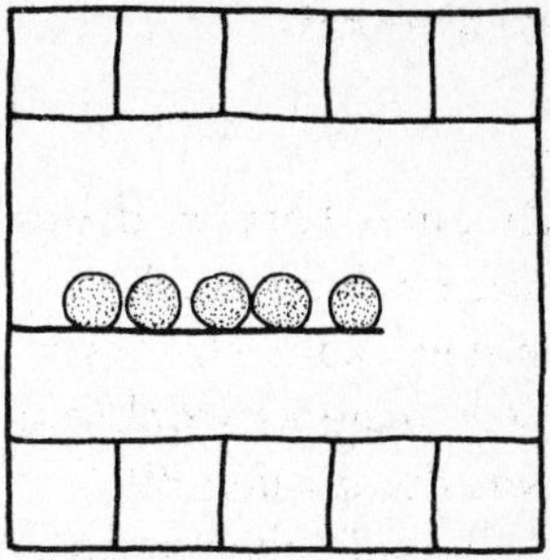

7.

8.

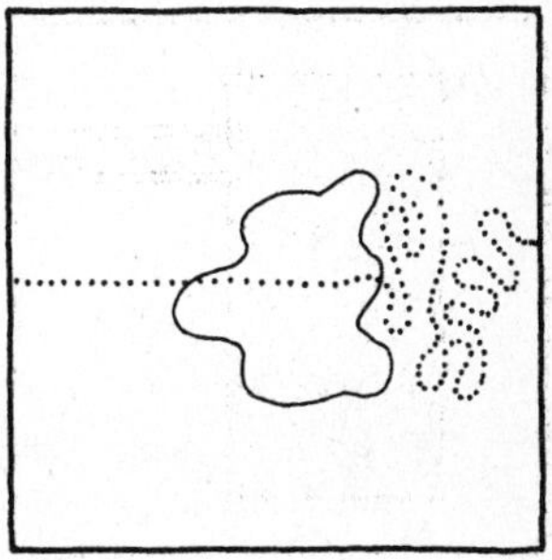

9.

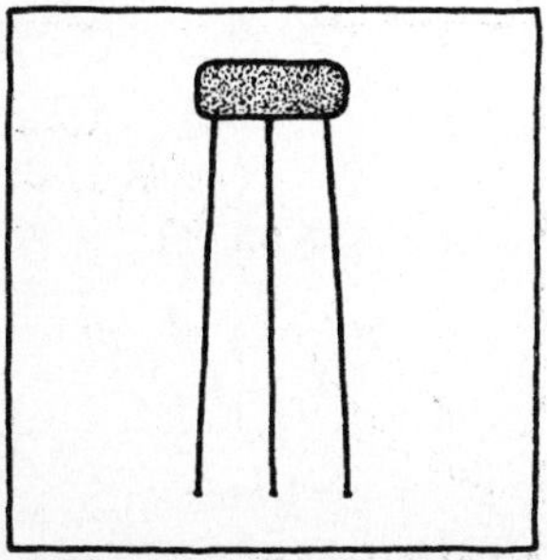

10.

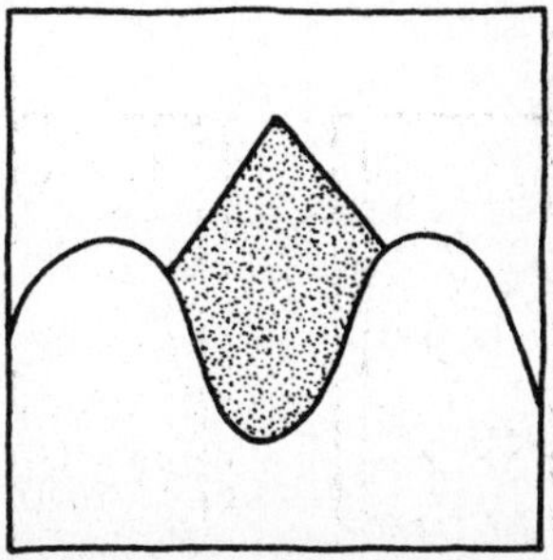

11.

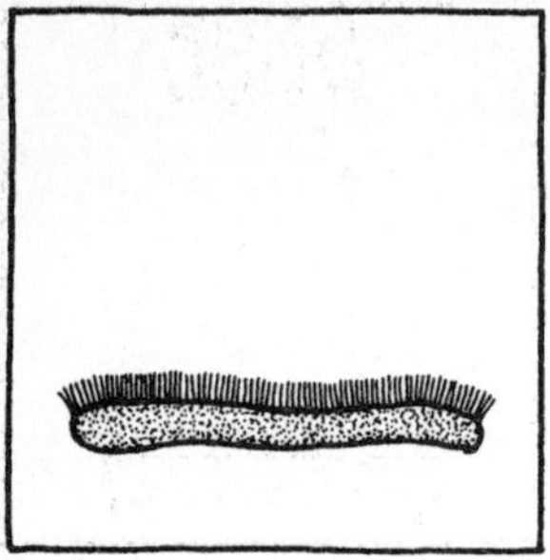

12.

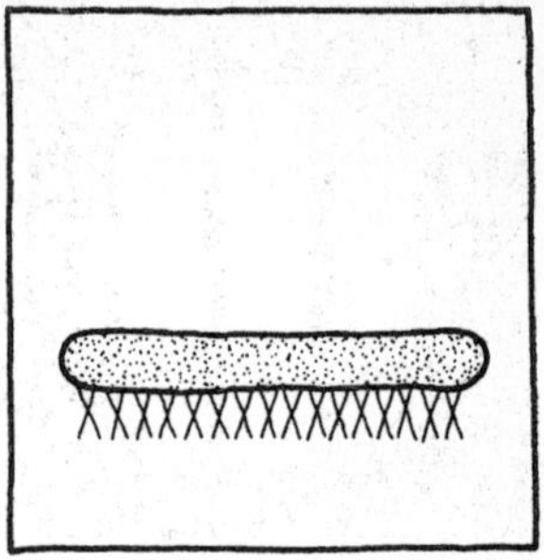

13.

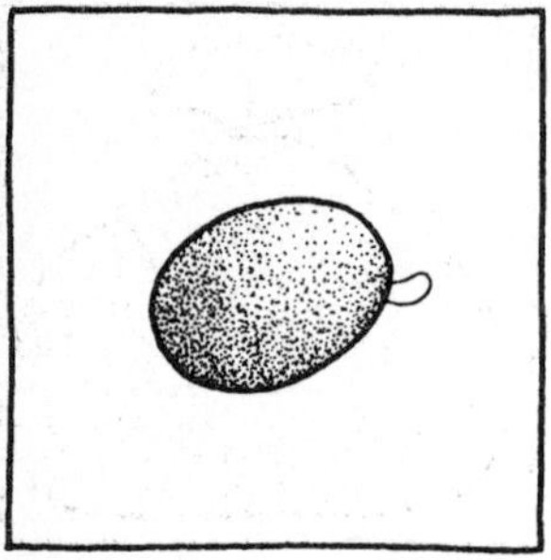

14.

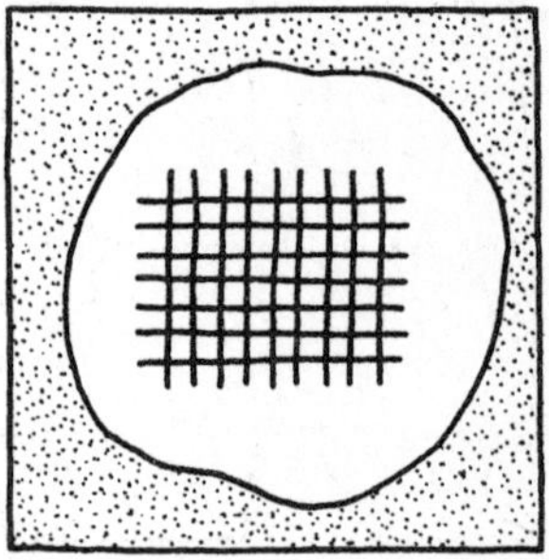

15.

16.

17.

18.

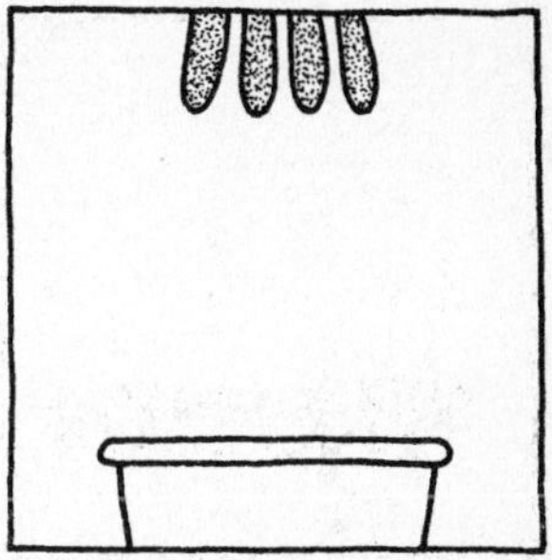

19.

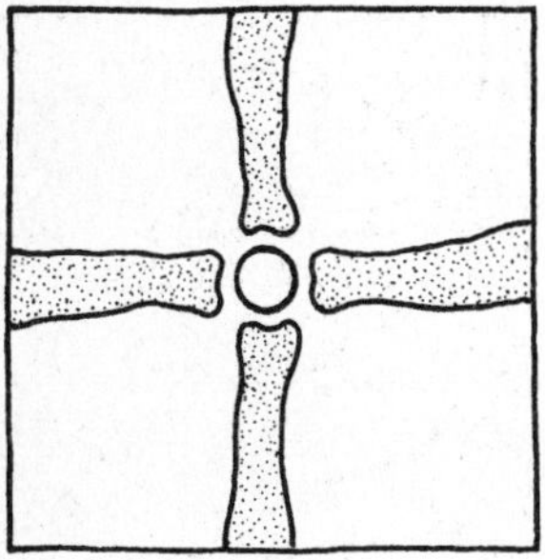

20.

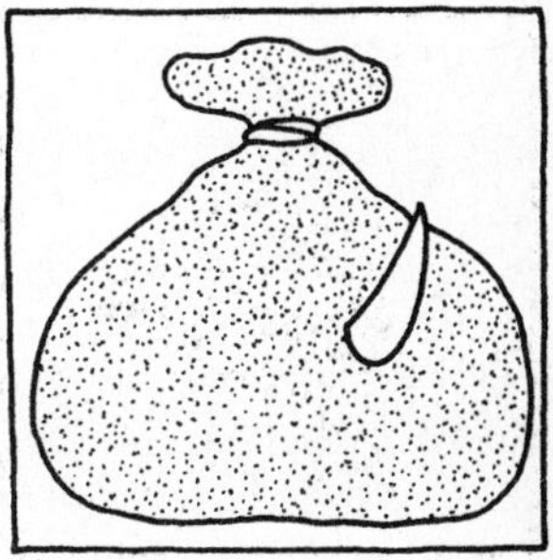

21.

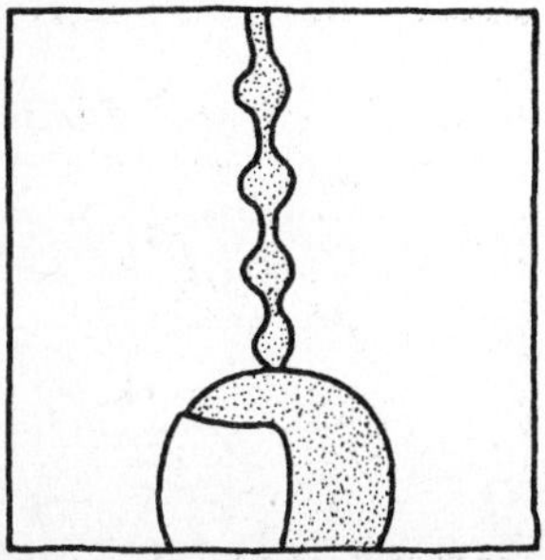

22.

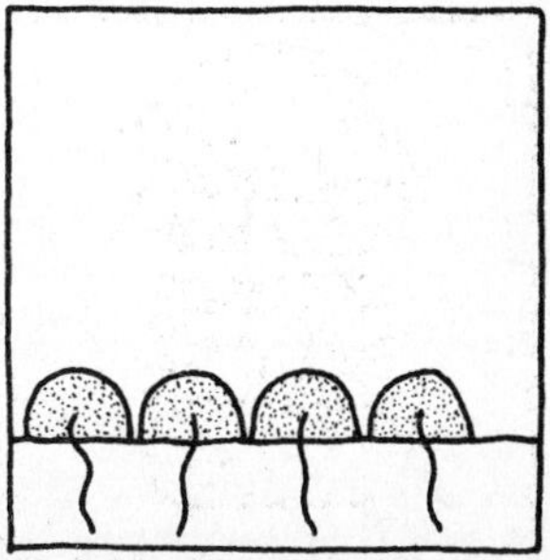

23.

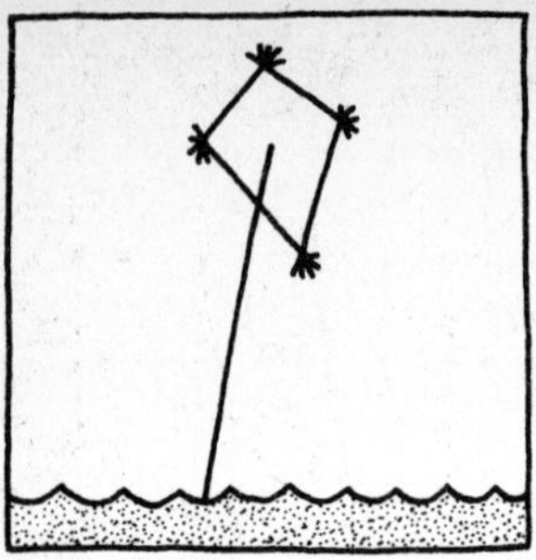

24.

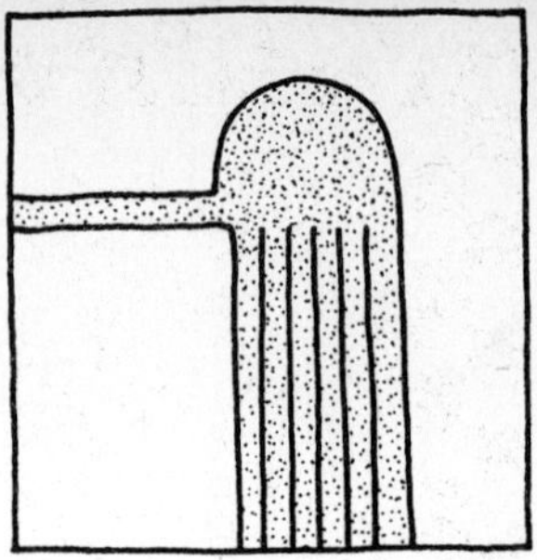

25.

Lösungen

I Zündholzspielereien

1. Ein Esel mit 13 Hölzchen:

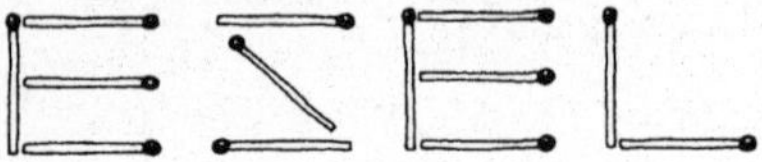

2. Luises Freund heißt Hans.

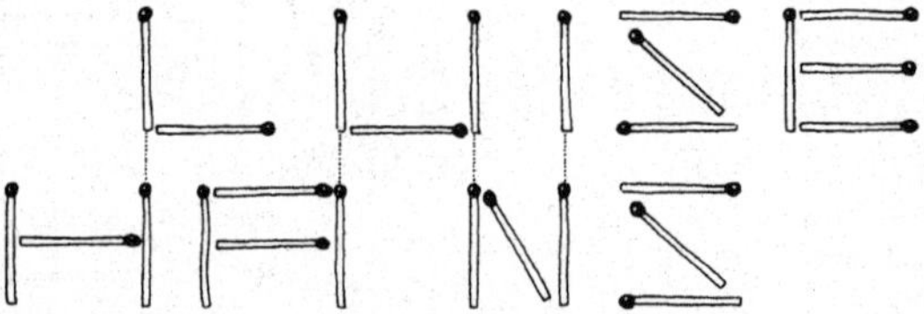

3. Du nimmst die Hülse zwischen deine Lippen und senkst sie auf die Hölzchen hinab. Dann holst du tief Luft – die Zündhölzer werden an der Hülse festgesaugt und können so in die Schachtel befördert werden. (Wahrscheinlich mußt du ein bißchen üben.)

4. Du brennst die beiden Zündholzköpfchen mit einem weiteren Zündholz an. Die Köpfchen flammen auf, schmelzen zusammen und bleiben fest aneinander »kleben«. Danach pustest du die Flamme aus und kannst das Glas wegnehmen.

5. Du mußt deine Schachtel vorher »bearbeiten«. Dazu brichst du ein Zündhölzchen durch und klemmst es quer über den anderen fest. Bei deiner Zaubervorführung nimmst du dann das querliegende Hölzchen heraus und zündest es an der Reibfläche an (am besten gleich auspusten und verschwinden lassen). Niemand wird begreifen, warum die Zündhölzer zu Beginn deiner Vorstellung nicht herausgefallen sind.

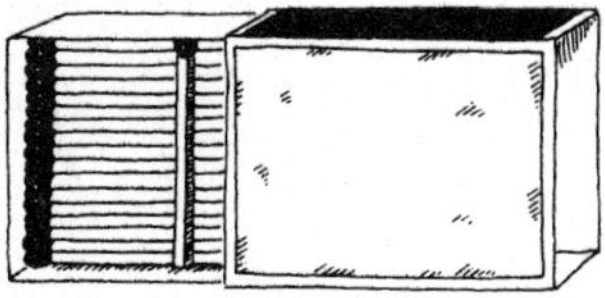

6. Das Zündholz ist natürlich nicht wirklich abgebrannt, sondern sieht nur so aus... Du hast es unter dem Köpfchen ein bißchen angekohlt und das Köpfchen selbst mit einem Bleistift schwarz angemalt. Besonders wirkungsvoll ist es, wenn gleich mehrere solcher Zündhölzer im Aschenbecher liegen.

7. Bevor du die Zündhölzchen nebeneinander hinstellst, machst du deinen Daumen heimlich mit Spucke naß. Reibe die Köpfchen der Hölzer (bei einem gemurmelten Abrakadabra) ein bißchen am angefeuchteten Daumen. Sie werden dadurch weich und klebrig und lassen sich nun leicht auf das Tischtuch drücken, ohne gleich wieder umzufallen. (Vorher solltest du ein paarmal üben. Übrigens mußt du bei jeder Vorführung neue Streichhölzer verwenden.)

8. Das Streichholz anzünden, brennen lassen, ausblasen – und mit dem verkohlten Rest ein Kreuz auf ein Papier malen!

9. Einfach das Hölzchen zwischen Hülse und Lade klemmen und dann die volle Schachtel hochheben!

10. Schau, wie der Müll abgeladen wird.

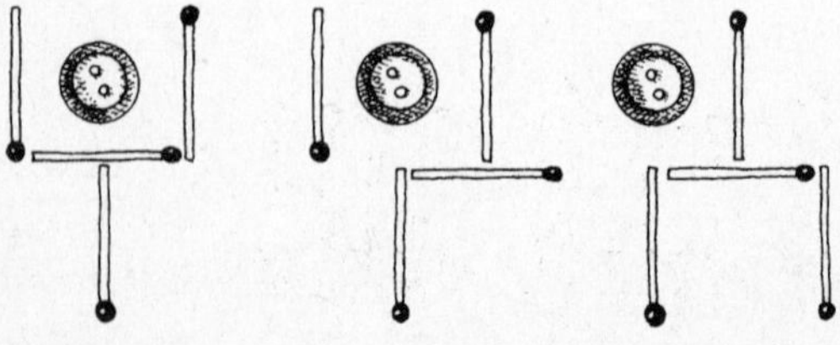

11. Hier berührt jedes der sechs Hölzchen die fünf anderen:

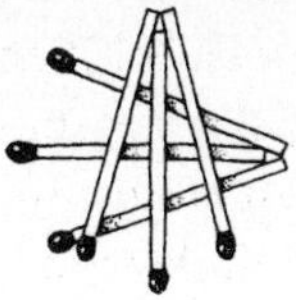

12. Du läßt auf die Knickstelle des Hölzchens ein bis zwei Tropfen Wasser fallen. – Das Zündholz klappt auf, und die Münze plumpst in die Flasche.

13. Du kratzt und schabst so lange mit dem Fingernagel an einer »offenen« Seite des Käfigs, wo die Hölzchen nicht auf dem Tisch aufliegen, bis der Vogel aus dem Käfig herausgeschlüpft ist.

14. 

15. Keines der Zündholzköpfchen berührt hier den Tisch:

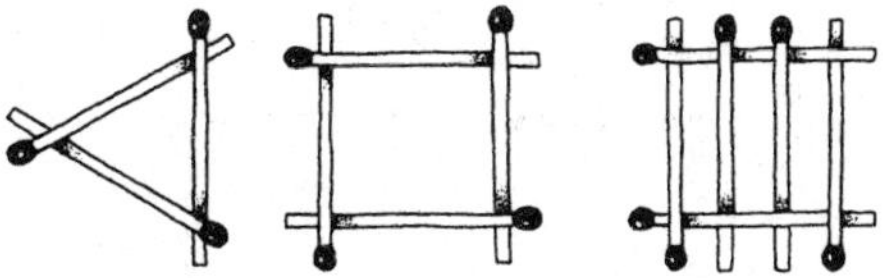

16. Bei dieser Brücke ist Übung erforderlich:

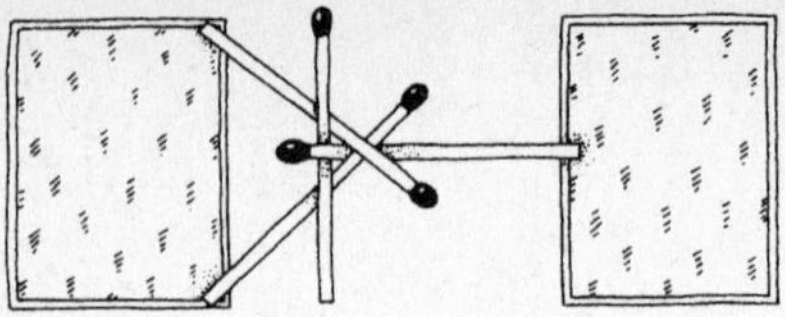

17. So guckt der Esel auch nach rechts:

18. Um mit diesem Trick Verwandte und Freunde zu verblüffen, mußt du vorher ein bißchen üben.

Zunächst einmal packst du auf ein Zündholz die zwölf anderen, immer abwechselnd ein Köpfchen nach links, eins nach rechts. Das letzte Hölzchen legst du parallel zum ersten über die zwölf querliegenden. Danach kannst du mit dem ersten alle übrigen (vorsichtig!) hochheben. – Wie gesagt, Übung macht hier den Meister!

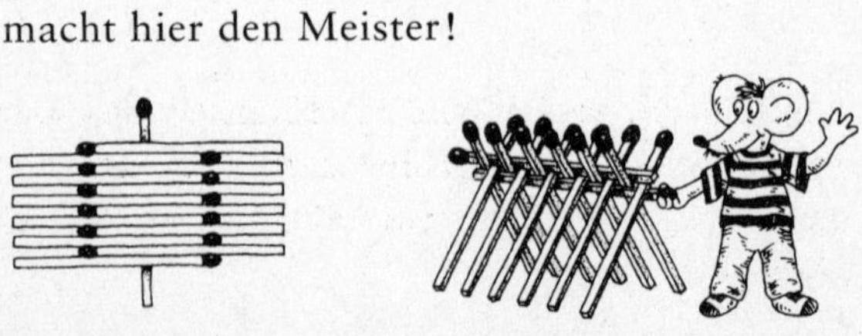

19. So sieht das Haus von der anderen Seite aus:

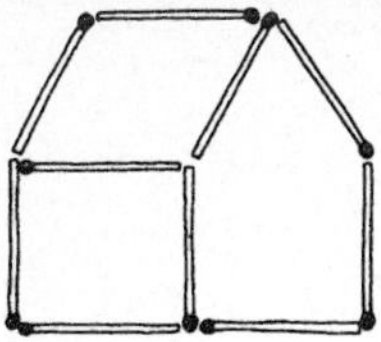

20. Du kannst nicht verlieren, wenn du die Hölzchen so wegnimmst, daß immer zwei Häufchen mit gleicher Zündholzmenge auf dem Tisch liegen, wenn dein Spielpartner am Zug ist.

21. Du sorgst dafür, daß du immer das sechste Zündholz erwischst! Nun ist es nämlich egal, wieviel dein Gegner als nächstes wegnimmt. Denn wer das sechste Holz hat, kriegt in jedem Fall auch das zehnte – und gewinnt!

22. 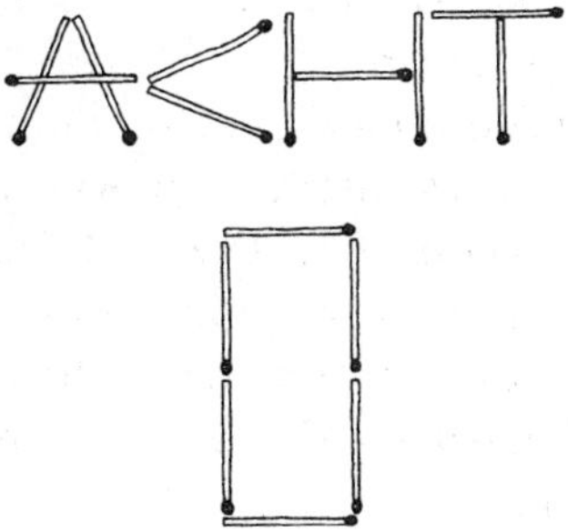

23. Du nimmst eines der beiden Hölzchen des Gleichheitszeichens (=) und machst damit aus dem »Pluszeichen« (+) eine 4. So entsteht: 141–11. Und das ergibt 130!

24. Nimm rechts 2 Hölzchen (römisch I) weg, und lege sie so über die schrägen Hölzchen der römischen V, daß daraus beidemal eine X entsteht. – Ergebnis: XXI = XXI!

25.

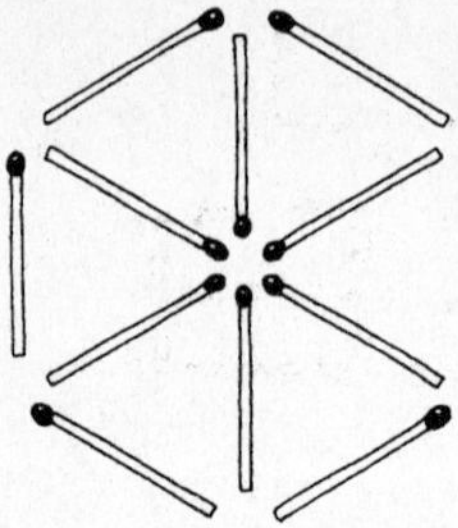

26.

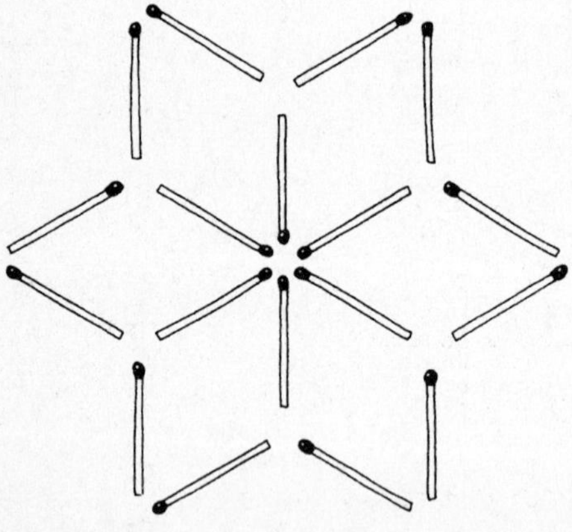

27. Folgender »Trick« hilft dir bestimmt: Versuche zunächst, so zu hüpfen, daß abwechselnd ein Pfennigstück neben einen Fünfer kommt. Danach wird's ganz einfach...

28.

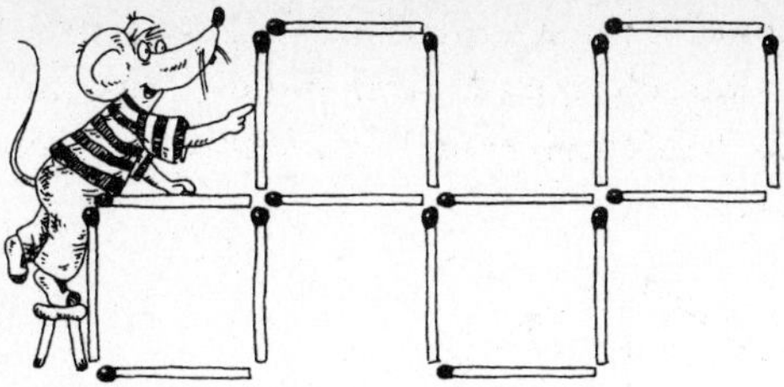

29.

30. Ein neuer fünfzackiger Stern entsteht:

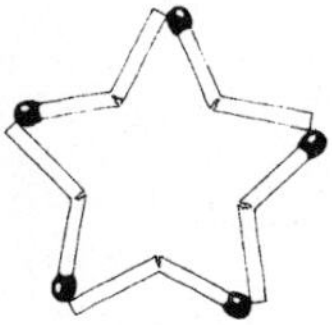

31.

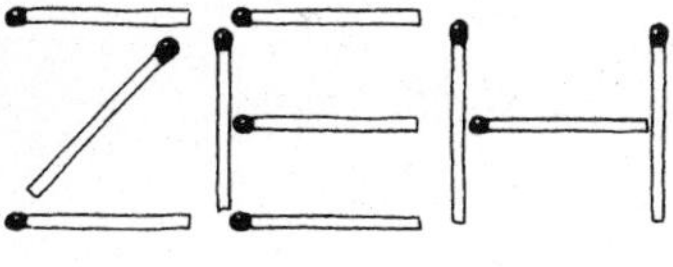

32.

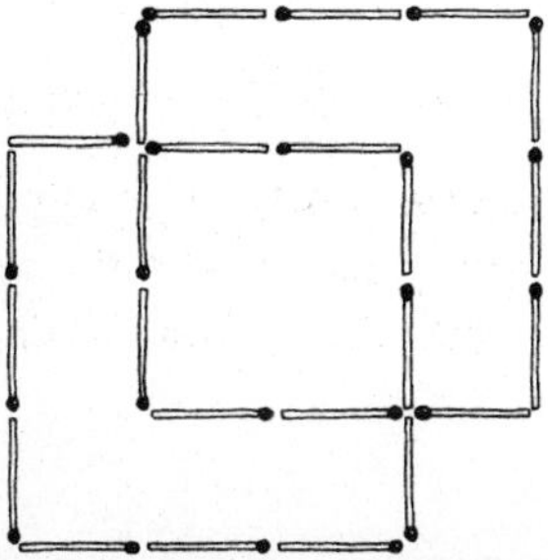

33. 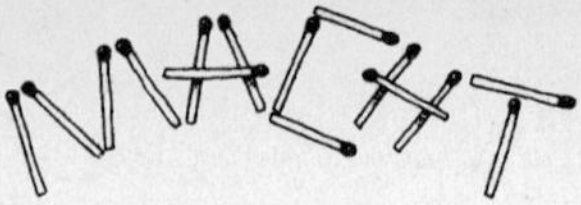

34. 

35. 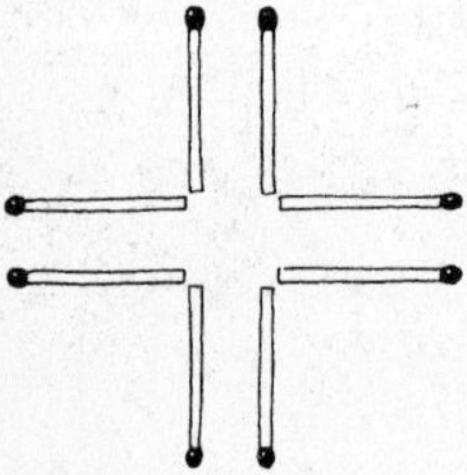

36. 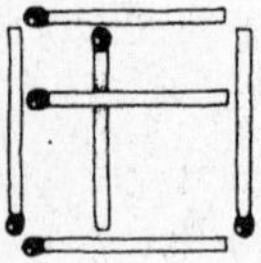

37. Du mußt die Zündhölzer zunächst nach diesem Schema auf der Tischplatte zusammenschieben. Danach kannst du das »Geflecht« langsam von beiden Enden her zusammen- und hochdrücken! Denk dran: Die Übung macht's!

38.

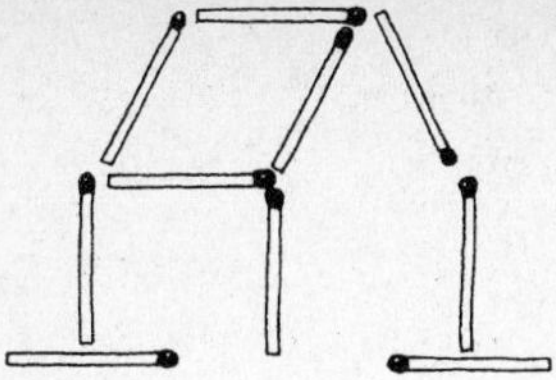

39.

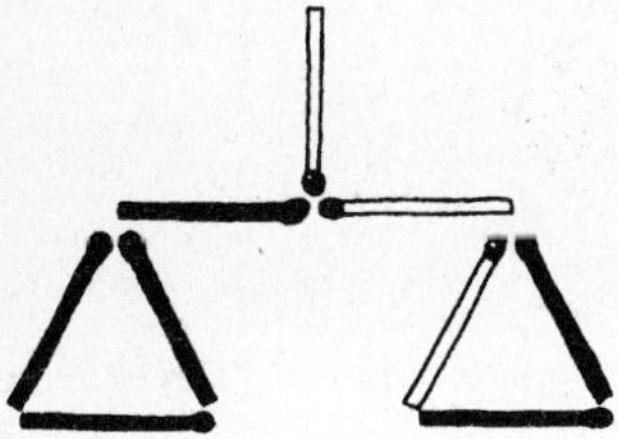

40.

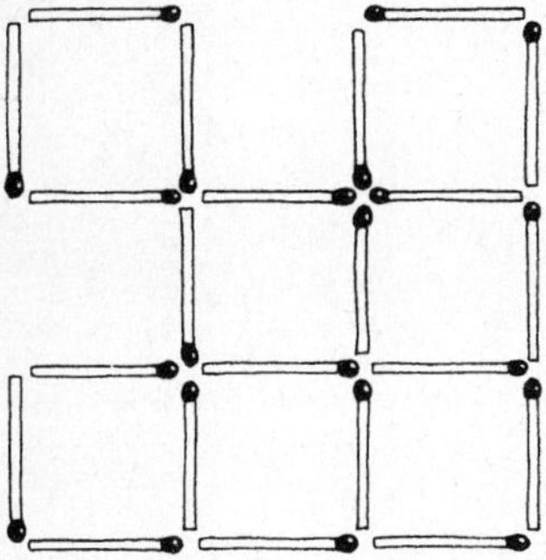

41.

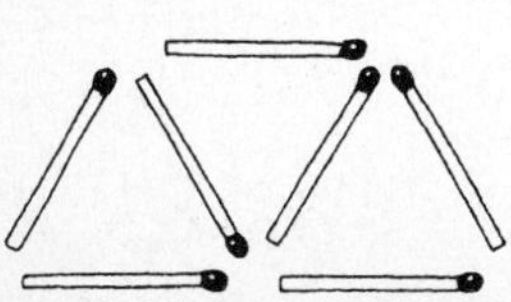

42. a)

b)

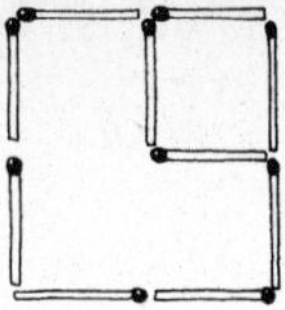

43.

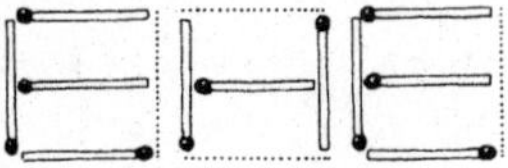

44. a)

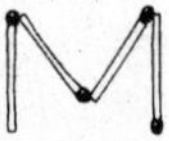

b)

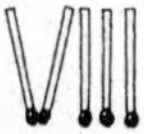

c)

d)

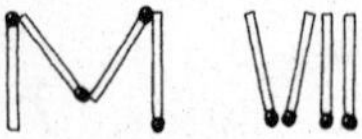

e)

45.

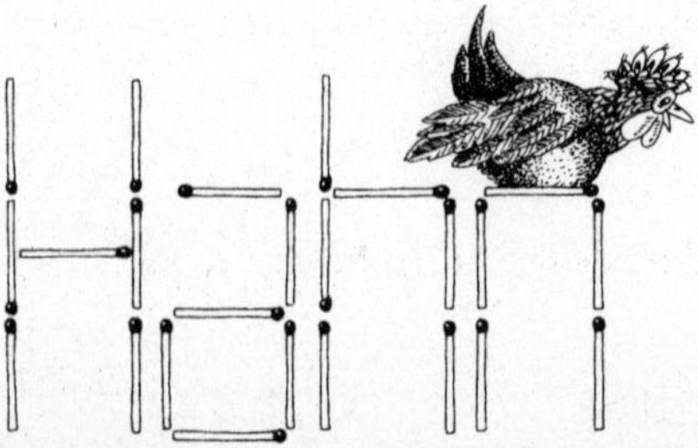

Scherzfragen zum Ausruhen

1. Weil sie das Gras unter den Achseln so kitzelt.
2. Zufall.
3. Die Tonleiter auf einer Trommel spielen.
4. Wenn ein Storch beide Beine heben würde, fällt er um.
5. Der Bäcker muß morgens früh aufstehen, und der Teppich kann liegenbleiben.
6. Handschellen.
7. Man stellt sich hinten an.
8. Sie nimmt das »A« weg und fliegt rüber!
9. Ein Maulwurf, dem beim Hammerweitwurf der Hammer auf den Fuß gefallen ist.
10. Man leihe sich: ein Pfund Mehl...
11. Rauch.
12. Weil es für ihre Größe keine passenden Eimer gibt.
13. Weil seine grünen naß sind.
14. Damit seine roten Socken nicht auch noch naß werden.
15. Beckenbauer.
16. Man erschießt den Löwen und fährt mit dem Jaguar weg.
17. Wenn man es festhält.

18. Gaaaaanz vorsichtig!

19. Ein Mensch, der ein vierblättriges Kleeblatt nicht pflückt, weil er Angst hat, ein Regenwurm könnte ihn beißen.

20. Zu der einen Öffnung steckt ein Polizist den Kopf heraus und ruft: »Tatütata!« Zur anderen steckt ein zweiter Polizist den Kopf heraus und schreit: »Blaulicht, Blaulicht!«

21. Das Eichhörnchen hüpft von Baum zu Baum, und das Klavier ist auch aus Holz.

22. Am Ochsenwagen ziehen zwei Ochsen, an der Zigarette zieht nur einer.

23. Unheimlich viele Parkplätze.

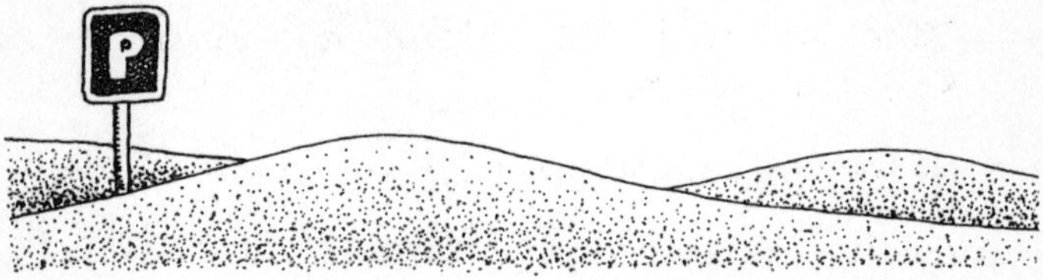

24. Eine Kuh im Trainingsanzug mit einem Sprachfehler.

25. Die Bremer Stadtmusikanten.

26. Ein Hund der pinkelt.

27. Der Polizist führt ab, Schokolade stopft.

28. Er bekommt Kotflügel.

29. Der Verkauf von Alkohol an Nilpferde ist nicht gestattet!

30. Du mußt deinen Kaktus gießen, sonst verderder der. (Hessisch).

31. Man sieht mich, man sieht mich nicht...

32. Der Chemiker sagt: »H_2O«, die Hebamme sagt: »Oha, zwei!«

33. Der Förster, der die Waldwege schonen will.

34. Der Bayer, weil der Ostfriese sich zweimal verfliegt.

35. In keinem Fall.

36. a) Das, was auf dem Baum herumklettert, ist das Eichhörnchen!
    b) Die, die sich ähnlich sehen, sind die Eichhörnchen!
    c) Das, womit man schreibt, ist der Bleistift!

37. Man bohrt zwei Löcher hinein und verkauft sie als Knopf für zwei Mark.

38. Kaugummi kaut sich bedeutend leichter.

39. Kartoffelpü.

40. Ein Reißverschluß.

41. Damit sie besser getarnt sind, wenn sie im Kirschbaum sitzen.

42. Mann über Bord!

Rebusrätsel zum Ausruhen

1. Großes Weh am kleinen Zeh.
2. 5 vor 12.
3. Achtl = Achtel.
4. L auf Schuh = Laufschuh.
5. Es ist gleich.
6. Über l ingen = Überlingen.
7. Zwei fel = Zweifel.
8. Vier tel = Viertel.
9. Stadtviertel.
10. D um heit = Dummheit.
11. F Ast n acht = Fastnacht.
12. Bl um e = Blume.
13. K in o = Kino.
14. Fünf mal r = Fünf Maler.
15. Komm zwischen acht und neun.
16. Eins am keit = Einsamkeit.

1. Der Buchstabe e.
2. Kamel / Kamelie.
3. Grille / Brille.

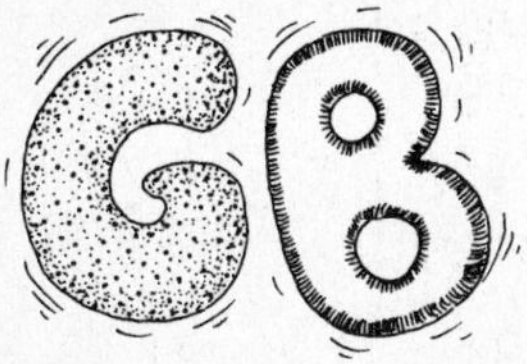

4. Die Handschuhe.
5. Nach Herbergen.
6. Nirgends. Man mäht das Gras.
7. Der Blinde.
8. Wer am 2. Januar geboren ist.
9. Der Stuhl.
10. Keins von beiden. Er ruft kuckuck.
11. Eva.
12. In Geldern.
13. Ein s.
14. Neger.
15. Der Kaffee. Er kann sich setzen, der Tee muß ziehen.
16. Reliefpfeiler.

17. Abstand.
18. Um kein einziges Gramm! Denn das Material war ja bereits vorhanden und ist nur verarbeitet worden.
19. Der Kamm.
20. Eine Nähnadel.
21. Es ist Zeit, dir einen neuen Zaun zu kaufen.
22. Der Äquator.
23. Den Buchstaben t.
24. Das Spital.
25. Das Kapital.
26. Der Schutzmann gibt 8, der Zahnarzt macht 10, ergibt zusammen 18.
27. Der Salat.
28. Dem S.
29. Falsch.
30. Nirgendwo! Es wachsen nur Trauben.

31. Der Blutkreislauf.

32. Ein Pilot.

33. Der Wachtel – nimm das W (ein Siebtel der Buchstaben), und es bleibt achtel.

34. Der Fuß.

35. Zwei Kronenkraniche.

36. Vögel gehen nicht – sie fliegen.

37. Dreispitz.

38. Keine, es ist ja gut beschlagen.

39. Keine, man muß sie hineinschütten.

1. Natürlich ist das eine Laufmasche unter dem Elektronenmikroskop.
2. Der schiefe Turm von Pizzas.
3. Ein Schneckenzahnarzt fühlt einem Schneckenpatienten auf den Zahn.
4. Eine stinkreiche Ölsardine in ihrer Privatbüchse.
5. Es ist eine Sche, denn ihr fehlt das Re.
6. Ne, Schachbrett für Anfänger.
7. Ein Vogel Strauß, der einen Telefonhörer verschluckt hat.
8. Ein Bär, der einen Baum hochklettert.
9. Eine Giraffe, die am Fenster vorübergeht.
10. Ein Mann, dessen Fliege in der Fahrstuhltür eingeklemmt ist.
11. Ein Regenwurm, der über eine Rasierklinge kriecht!
12. Ein Mexikaner mit Sombrero auf einem Rad – von oben gesehen!
13. Tee mit etwas Rum!
14. Ein Esel mit Ohrringen (Ausschnitt).
15. Ein kleiner Vogel hat sich einen zu starken Regenwurm vorgenommen.
16. Eine frisch gebügelte Ziehharmonika.
17. Masern warten auf Kundschaft.

18. Ein Sonnenanbeter auf der Suche nach einem Manschettenknopf.

19. Die Montagsproduktion aus der Tennisfabrik.

20. Ein 10-Meter-Sprungbrett aus der Froschperspektive.

21. Eine Spinne übt einen Handstand.

22. Ein Elefant beim Sonnenbaden.

1. Familie Protzke hat viel Geld, aber wenig Köpfchen, wenn sie das Problem nicht lösen kann. Denn eigentlich ist das Ganze gar nicht so kompliziert:

2. Es ist im Grunde einfach: Man nimmt das zweite Glas, schüttet den Inhalt in das bisher leere fünfte Glas und stellt es dann an seinen alten Platz zurück.

3.

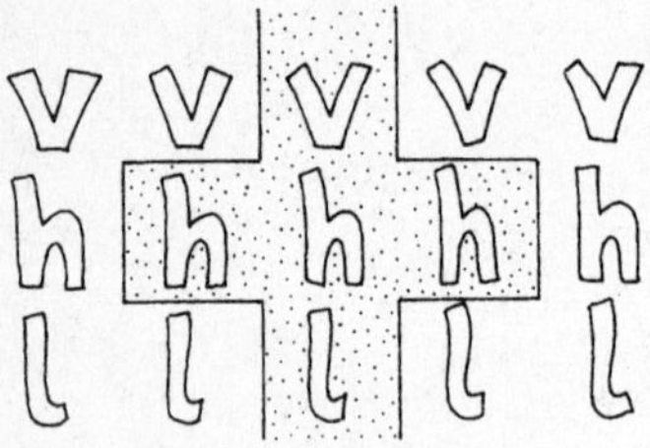

4. Der Fährmann fuhr zuerst die Ziege hinüber, dann den Wolf. Dann nahm er die Ziege wieder mit zurück, fuhr den Kohl rüber und holte die Ziege zuletzt nach.

5. Es sind vier Züge erforderlich. Numerierst du den obersten Knopf der Pyramide mit 1, die Knöpfe der nächsten Reihe mit 2, 3 und die der unteren mit 4, 5, 6, dann kannst du es (zum Beispiel) mit folgenden Zügen schaffen:

1 zwischen 2 und 4, 4 zwischen 5 und 6, 5 zwischen 1 und 2, 1 zwischen 4 und 5.

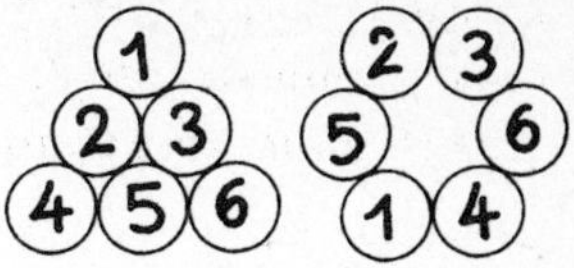

6. Sieben Leute feiern Geburtstag: Großvater und Großmutter, Vater und Mutter mit drei Kindern.

7.

8.

9. 

10. 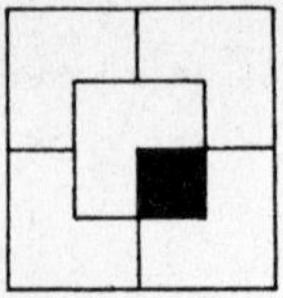

11. Du streckst die rechte Hand aus und gehst immer an der Gartenhecke entlang. Setze so deinen Weg unbeirrt fort! Ohne große Mühe triffst du bei deinem Freund (B) ein, wenn du Fühlung mit der Hecke behältst!

12. Die Lösung ist ein Stern:

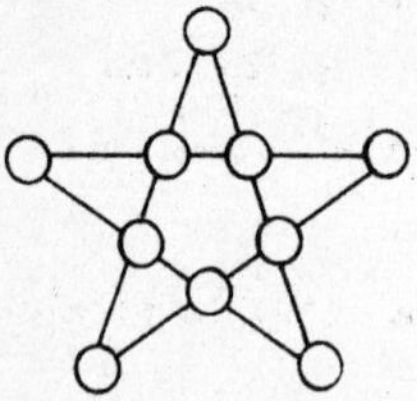

13. Alle Stadtteile haben eine gerade Anzahl Brücken (2, 4 oder 6), mit Ausnahme von C und L, die über drei Brücken (ungerade) erreicht werden können. Der Gondoliere muß deshalb, wenn er über jede Brücke nur einmal gehen darf, auf Insel C oder L starten oder enden. Wenn er von C aus losgeht, kann er folgende Route nehmen: C, G, F, C, B, A, D, H, E, I, H, J, K, L, M, G, I, F, B, E, F, I, L.

14. a) 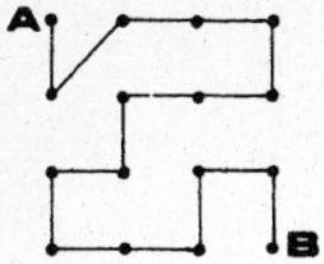

b) 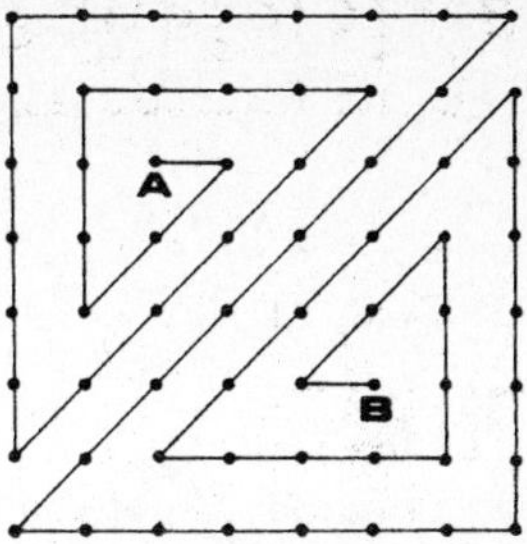

c) 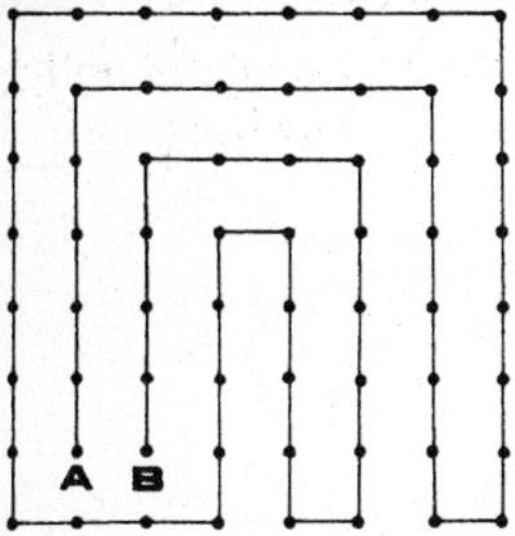

d) 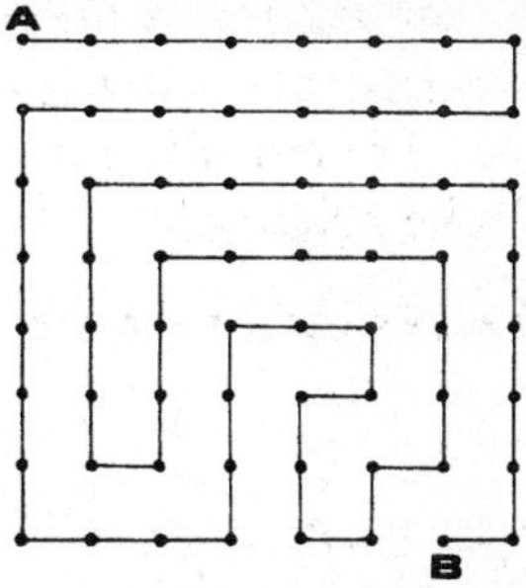

15. Die abgerollte Münze macht eine volle Umdrehung. Das Bild steht wieder aufrecht.

16. Nur 3:

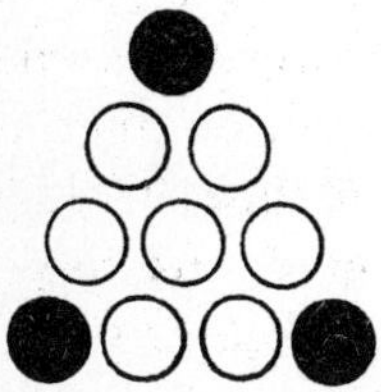

17. Du legst die Münze links außen nach rechts außen (oder umgekehrt) – dann liegt die mittlere Münze nicht mehr in der Mitte, sondern am Rand.

18. Wenn du die äußere Münze aus der Viererreihe auf den Eckpunkt legst, liegen tatsächlich in jeder Reihe vier Münzen! Ganz schön gemein, oder?

19.

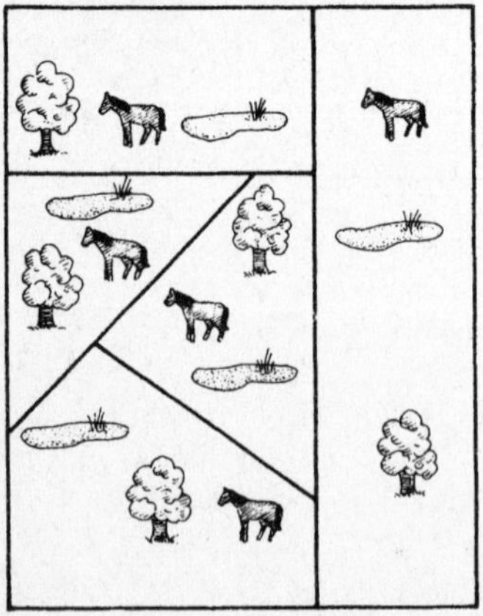

20. Die Indianer gehen auf dem kürzesten Landweg zum Wasser, nutzen dann die Strömung nach Osten bis zur Biegung, schleppen ihr Kanu an der schmalsten Stelle wieder ein Stück über Land. Dort können sie sich auf dem Fluß nach Westen tragen lassen usw. Ihr Weg führt sie insgesamt viermal über Land und viermal über Wasser, bis sie ihr Dorf erreichen.

21. So sieht's dann aus:

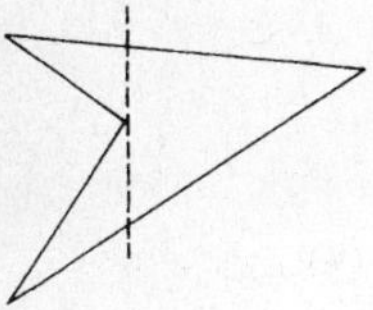

22. So geht's:

23.

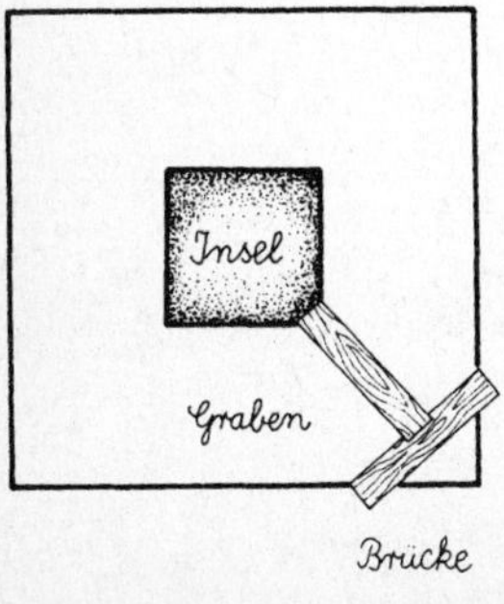

24. Sterzl mißt 1 Liter ab, indem er den Inhalt des 3-Liter-Eimers in den 5-Liter-Eimer kippt, den 3-Liter-Eimer ein zweites Mal füllt und dann den 5-Liter-Eimer bis zum Rand vollgießt. Im 3-Liter-Eimer bleibt 1 Liter zurück!

2 Liter: Sterzl füllt den 5-Liter-Eimer und schüttet den Inhalt um in den 3-Liter-Eimer. Im 5-Liter-Eimer bleiben 2 Liter zurück.

Noch mehr Scherzfragen

1. Einer greift das Opfer, fünf schreiben den Erpresserbrief!
2. Die Ziehharmonika, denn sie hat die meisten Falten.
3. Ein Hai im Senfglas.
4. Beim Einbruch muß man sitzen, beim Beinbruch muß man liegen.
5. Ein Spatz im Kettenhemd.
6. Ein Spatz im Sporthemd.
7. Ein Maulwurf beim Kugelstoßen.
8. Ein zweiter Maulwurf. Dem ist die Kugel auf den Fuß gefallen.
9. Ei, ei, Frau Zimmermann.
10. Der Bergsteiger hat ein Seil herum, der Apotheker hat ein Heilserum.
11. Karies! Denn jeder dritte hat Karies.
12. »Fidibus!«
13. Das ist doch ganz einfach: Das ist der große blaue Steinfresser!
14. Er fällt nur 10 Meter tief, denn dort sitzt doch der große blaue Steinfresser!
15. Eine Biene, die rückwärts fliegt.
16. Ein Maulwurf im Nachthemd.
17. Weil der Mensch die Schlüsselbeine hat!

18. Er bringt seine Frau auf die Palme.
19. Der Dieb: Er weiß, was den andern fehlt.
20. Der sucht Tretminen.
21. Weil Schirme nicht laufen können.
22. Die Tür geht nicht mehr zu.
23. Vater.
24. Er trinkt aus der Flasche.
25. Weil die Ostfriesen den Gründonnerstag aufgefressen haben.
26. Das Forte hat keine Tasten.
27. Eine Wimper vom Fettauge.
28. Der Konzertflügel brennt länger.
29. Da gibt's keinen Unterschied: Beide Beine sind gleich lang, besonders das rechte.
30. Beide Zungen stehen nie still.
31. Beide brechen, wenn sie überladen sind.
32. Der Reisende kehrt ein, das Stubenmädchen kehrt aus.
33. Nur eines. Dann war er nicht mehr nüchtern.
34. Jener tut Taten, dieser tat tuten.
35. Weil es das Futter fressen würde.
36. Das Hühnerauge. Es ist immer auf den Füßen.
37. Du bist noch zu jung zum Rauchen.
38. Weil es keinen Daumen hat.

39. Der Hase. Er frißt immer mit zwei Löffeln.

40. Beide müssen rühren.

41. Weil nur gute Werke dorthin führen.

42. Eine falsche Behauptung.

6 Schwierige Kopfnüsse

1. Ein Lift in einem Ozeandampfer!
2. Die Perlenauster! Bei ihr sind Perlen eine krankhafte Ausbildung.
3. Ja, sogar zwei: Vom Nordpol aus geht's nur nach Süden, vom Südpol nur nach Norden.
4. Keine Kerze brennt länger, sie brennen beide kürzer!
5. Auf dem Mond gibt es keine Atmosphäre, daher können Vladimir und John kein Wort hören. Der Wodka würde – wie alle anderen Flüssigkeiten im luftleeren Raum – sofort verdunsten. Ohne Sauerstoff können die beiden keine Zigarre rauchen, weil es dann keine Verbrennung gibt.
6. Der Schiffbrüchige zündet einige Meter vom Ostufer der Insel entfernt ein Feuer an: Nachdem das Feuer diesen Teil der Insel völlig vernichtet hat, läßt sich der Schiffbrüchige dort sicher nieder!
7. Emil Gipsbein bat Franz Strudel um die 20 Mark, legte von sich aus 5 Mark dazu und gab dem Bauern Gerstenkorn das verlangte Geld. Dann nahm er die Gans, die ja keiner von beiden haben wollte, und ging grinsend fort. Denn 5 Mark für einen Gänsebraten – das ist ein ziemlich gutes Geschäft, oder?
8. Der gerissene Goldschmied entfernt die beiden äußeren Teile des Querstückes, um sie zu behalten, und setzt das Querstück um einen Teil höher, so daß die Zählung wieder stimmt.

9. Die Männer kippen das Faß so weit, bis der Inhalt den Rand erreicht. Wenn danach der Grund des Fasses zu sehen ist, muß das Faß weniger als halb voll gewesen sein.

10. Klaus geht gerade so dicht an Hasso heran, daß er ihn nicht beißen kann. Dann läuft er um den Baum. Natürlich rennt ihm Hasso nach und wickelt dabei seine Leine um den Stamm. Wenn sie ganz drum herumgeschlungen ist, kommt Klaus gefahrlos an die Äpfel!

11. Die Polizisten haben herausbekommen, daß es am Tatabend einen langanhaltenden Stromausfall im betreffenden Stadtteil gegeben hat. Damit haben sie den Beweis, daß die Banditen das Radioprogramm nicht bei sich zu Hause, sondern woanders gehört haben!

12. Frau Meisegeier sagte den Satz am 1. Januar, ihr Geburtstag ist am 31. Dezember.

13. Der Mann hat eine Glatze!

14. An dem Tag herrschte eine mindestens dreistündige Sonnenfinsternis.

15. Wenn der Weise die schwarze Todesbohne gezogen und verschluckt hätte, hätte eine weiße im Kasten liegen müssen. Da der böse Minister aber tatsächlich nur schwarze Bohnen hineingelegt hatte, sah man jetzt natürlich auch eine schwarze im Kasten. Der weise Mann erklärte: »Ihr seht, ich habe die weiße Bohne gezogen – ihr müßt mich freilassen.« Und das mußte man auch!

16. In der Tasse ist Pulverkaffee!

17. Klaus-Heinrich mußte, um ein richtiges Sockenpaar zu finden, nur einmal ans Licht gehen – allerdings mit drei Socken in der Hand!

18. In der Nachricht ist der Anfang des Kinderliedes »Hänschen klein, ging allein in die weite Welt« versteckt. Wenn man das Lied wegstreicht, bleibt übrig: »... bin auf dem Piratenschiff Schwarze Möwe gefangen ... holt mich raus ... wir segeln um Mitternacht zur Schatzinsel! ... Ein Unglückseliger«

19. Mit mathematischer Gesetzmäßigkeit verdoppelt sich nach jedem Faltvorgang die Anzahl der Papierlagen: 2 ... 4 ... 8 ... 16 ... 32 ... 64 ... 128 ... 256 ... 512 ... Beim zehnten Falten müßte man aus 512

Lagen 1024 Lagen machen. Ein Ding der Unmöglichkeit! Zum Vergleich: Das dicke und deshalb auf dünnem Papier gedruckte Telefonbuch einer Großstadt hat »nur« 1000 Seiten!

20. Elisabeth – Behalt sie!

21. a) Ja: Großmutter, Mutter und Tochter.
    b) Großvater, Vater und Sohn tranken jeder elf Glas.
    c) Nein, es ist seine Mutter.
    d) Drei Söhne und eine Tochter erben je 25 000 Mark.
    e) B ist die Mutter von A.
    f) Der Mann ist mein Vater.
    g) Sein Sohn.
    h) Er ist ihr Sohn.
    i) Nein, er ist ja bereits tot.
    j) Der Vater.
    k) Vier Mädchen und drei Jungen.
    l) Wenn du sie heiratest.

22. Wenn man Wasser in das Loch gießt, schwimmt der Ball nach oben!

23. Stimmt nicht! Spieler 11 bleibt ohne Bett – wie könnte es auch anders sein! Das Schlitzohr von Wirt hat den Spieler zweimal gezählt: als zweiten und elften.

24. Es ist sein eigener Wagen.

25. Der Sheriff sagt nur: »Einer von euch teilt das Schürffeld auf, der andere wählt danach aus, welches Stück des Feldes er haben will.«
Derjenige, der das Feld halbieren muß, wird sich nie und nimmer so ungeschickt anstellen, daß sein Gegner sich ein größeres Stück aussuchen kann.

26. Du mußt den Wegweiser nur in Richtung Großpuscheln aufrichten, woher du gekommen bist.

27. Da der Taxifahrer die Dame am richtigen Ziel abgesetzt hatte, mußte er ja gehört haben, wohin sie fahren wollte.

28. Sie ist zu klein, um an den Knopf der 23. Etage zu kommen.

29. Probier's mal mit einem Spiegel aus: Die Nachricht des Kapitäns bleibt spiegelverkehrt und damit kaum lesbar. Die Botschaft der Familie läßt sich deutlich lesen. (Alle Buchstaben sehen spiegelverkehrt genauso aus wie »normal«.)

Noch mehr Rebusrätsel

1. 3 F liegen = 3 Fliegen.
2. W und r = Wunder.
3. D um Kopf = Dummkopf.
4. R um l = Rummel.
5. W acht me ist r = Wachtmeister.
6. Über m As = Übermaß.
7. Zwei kleine B am t = Zwei kleine Beamte.
8. H an s = Hans: Hans verkehrt in schlechten Kreisen.
9. Zwischen f a ll = Zwischenfall.
10. K auf mann = Kaufmann.
11. Acht e auf Ge fahren = Achte auf Gefahren.
12. T an t = Tante.
13. Tür vor h an g = Türvorhang.
14. Br um bär = Brummbär.
15. Kind über leg was du unter nimmst = Kind, überleg, was du unternimmst.
16. Ein e nach denkliche T an t = eine nachdenkliche Tante.

1. Das Ferkel wiegt 15 Pfund? Falsch: Es wiegt 20 Pfund.

2. Sie haben nicht richtig geteilt. Der eine hat von seinen fünf Broten zwei ganze und ein Drittel an den Fremden abgegeben, der andere von seinen Broten aber nur ein Drittel eines Laibes. Dem ersten hätten daher sieben Goldstücke zugestanden.

3. 12 + 1 + 2 + 3 + 4 + 5 + 6 + 7 + 8 + 9 + 10 + 11 = 78 Schläge.

4. Halte dich fest: 620 448 401 733 239 439 360 000 mal.

5. Die Uhr braucht 12 Tage, um 1 Stunde vorzugehen. Um 12 Stunden vorzugehen, braucht sie also 12 · 12 Tage = 144 Tage.

6. Um eine Schüssel mit 36 Knödeln leer zu essen, brauchen die beiden eine 3/4 Stunde, und zwar verdrückt Otto dann 27 und Hans 9 Knödel = 36 Knödel.

7. Nein, sie hatte nur keine größeren Münzen und keinen 10-Mark-Schein in der Kasse und gab 20-Mark-Scheine und einen Groschen heraus.

8. Zählt man 2 · 5 = 10 zu den 86 dazu, hat jede Seite gleich viele Zähne: 86 + 10 = 96 : 4 = 24. Zieht man jetzt 5 ab, ergeben sich 19 für die Querseite, 24 für die Längsseite: 19 + 19 + 24 + 24 = 86 Zähne für alle vier Seiten.

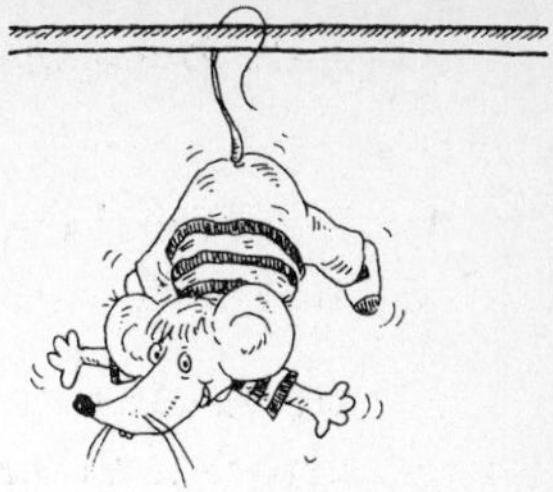

9. In jedem der 20 Zimmer steht mindestens ein Bett: 36 – 20 = 16. Das entspricht der Anzahl der Zweibettzimmer. Im ganzen sind es vier Einbett- und 16 Zweibettzimmer.

10. Nach 11 Wochen.

11. Da Waldmann doppelt so schnell lief wie sein Herr, lief er die Strecke von 8 km zweimal = 16 km.

12. Auch 3 Minuten.

13. Markus hat 7, Mark hat 5 Mark.

14. Wenn Vater und Mutter jeweils neun »leibliche« Kinder haben (damit sind die »eigenen« Kinder gemeint, nicht die des neuen Ehepartners) und wenn zu der Familie jetzt insgesamt zwölf Kinder gehören – dann muß jeder drei Kinder mit in die Ehe gebracht haben. Haben nun Vater und Mutter schon jeweils 3 Kinder aus der ersten Ehe – dann wurden ihnen noch weitere sechs geboren: 3 + 3 + 6 = 12!

15. Es sind 20 Hunde und 15 Herrchen.
Zum Nachrechnen: Fünf Herrchen mit je zwei Hunden haben 50 Beine. Bleiben von 110 noch 60. Normalerweise hat ein Herrchen mit einem Hund sechs Beine, also 60 : 6 = 10 Herrchen mit je einem Hund.

16. 63 Spiele müssen gespielt werden.

17. Die Zahl wird so geschrieben: 12 111. Denn 11 000 + 1100 + 11 = 12 111.

18. Nimm den 5-Liter-Krug und füll damit den 3-Liter-Krug ganz voll. Gieß die 3 Liter jetzt aus. Fülle die 2 restlichen Liter aus dem großen Krug in den kleinen. Dann fülle den 5-Liter-Krug wieder auf. In dem 3-Liter-Krug befinden sich nun genau 2 Liter. Wenn du aus dem 5-Liter-Krug den 3-Liter-Krug füllst, geht 1 Liter weg. Übrig bleiben genau 4 Liter.

19. Indem du sie einfach auf den Kopf stellst.
Dann hast du:

666

20. Nehmen wir an, dein Spielpartner denkt sich die achtstellige Zahl 37 148 569. Es könnte auch eine sechsstellige oder auch nur zweistellige Zahl sein, aber acht Stellen oder sogar mehr machen es natürlich spannender!
Diese Zahl verdoppeln: 37 148 569 · 2 = 74 297 138
Hier 4 dazuzählen: 74 297 138 + 4 = 74 297 142
Das Ergebnis halbieren: 74 297 142 : 2 = 37 148 571
Hiervon die gedachte Zahl abziehen: 37 148 571 – 37 148 569 = 2
Das Ergebnis ist immer 2 – egal, welche mehrstellige Zahl sich dein Spielpartner denkt.

21. Jedes dieser drei Zahlenquadrate ergibt waagrecht, senkrecht und diagonal für sich das gleiche Ergebnis.

22. In 15 Jahren, denn dann ist der Sohn 30 Jahre alt und der Vater 60.

23.
$$\begin{array}{r} 888 \\ 88 \\ 8 \\ 8 \\ +\quad 8 \\ = 1000 \end{array}$$

24. Ein pflichtbewußter Wachmann gibt acht!
Also: $3 \cdot 3 = 9 + 8 = 17$.

25. Ein Komma: 2,3.

26. 1 und 13.

27. Thomas ißt drei Eier: Die Hälfte von 1 = Ei
Die Hälfte von 2 = Ei
Die Hälfte von 3 = Ei

28. Man muß in der zweiten waagrechten Reihe von oben den dritten und vierten Knopf wegnehmen. In der dritten waagrechten Reihe von oben den zweiten und vierten Knopf. In der vierten Reihe den zweiten und dritten Knopf.

29. So sieht die Teilung aus:

1. Teil	15
2. Teil	45
3. Teil	90
	= 150

30. Man muß eine 3 einsetzen.

31. Die mittlere Ziffer ist immer eine 9, die beiden Ziffern rechts und links ergeben zusammengezählt auch immer 9 (zum Beispiel: 321 – 123 = 198).

32. a) Andrea hat die Endzahl 38 durch 2 geteilt und 5 abgezogen. – Dieses Zahlenspiel funktioniert, ganz gleich, an welche Zahl deine Freunde gedacht haben.

b) Karin hat die gedachte 3 mit 5 malgenommen, 3 dazugezählt und das Ergebnis verdoppelt. – Hierbei ergibt sich immer eine zweistellige Zahl, die mit einer 6 endet.

Jetzt muß nur noch die 6 weggestrichen werden, und übrig bleibt die anfangs gedachte Zahl.

33. Nehmen wir mal an, dein Freund hat das Zehnpfennigstück in der rechten Hand, das Fünfpfennigstück in der linken Hand!
Jetzt soll er den Zahlenwert des Geldstücks in der rechten Hand mit einer ungeraden Zahl (1, 3, 5, 7, 9 ...) malnehmen, das Ergebnis aber für sich behalten! (Lasse ihn beispielsweise mal die 7 wählen: $10 \cdot 7 = 70$.) Anschließend soll er den Zahlenwert des Geldstücks in der linken Hand mit einer geraden Zahl (2, 4, 6, 8 ...) malnehmen, aber auch dieses Ergebnis für sich behalten. Lasse ihn diesmal die 6 wählen: $5 \cdot 6 = 30$.) Nun soll er die beiden Endergebnisse zusammenzählen ($70 + 30 = 100$).

Auch dieses Ergebnis darf er dir nicht sagen. Er soll dir jetzt nur verraten, ob es sich bei der letzten Zahl, die er herausbekommen hat, um eine gerade oder ungerade Zahl handelt. – Und nun kannst du zum Erstaunen aller »hellsehen« nach folgender Grundregel, die immer stimmt:

ungerade Zahl	=	Fünfpfennigstück in der rechten Hand Zehnpfennigstück in der linken Hand
gerade Zahl	=	Fünfpfennigstück in der linken Hand Zehnpfennigstück in der rechten Hand

34. Die beiden Ziffern links geben dir das Alter an und die rechte Ziffer die Geldsumme.

Hier als Beispiel: 12 Jahre und 15 DM.

$12 \cdot 2 = 24$

$24 + 5 = 29$

$29 \cdot 50 = 1450$

$1450 + 15 = 1465$

$1465 - 365 = 1100$

Du zählst 115 hinzu und erhältst damit 1215, also 12 Jahre und 15 DM.

Noch mehr Rätsel und Blödeleien

1. Peter Silje = Petersilie.
2. Zieh-Haar-Monika = Ziehharmonika.
3. Wie wär's mit dem Zündholz?
4. Nur ein Zündholz; mit dem findet er seine Lampe wieder.
5. 4 pflichtbewußte Polizisten geben acht: 4 · 8 = 32

   5 stumpfe Rasiermesser zieht man ab: 32 – 5 = 27
   3 Bruchstriche teilen: 27 : 3 = 9
   Ein Zahnarzt zieht die Wurzel: 9 = 3
   Der Hase frißt die Wurzeln: bleibt 0!
6. Aus Ungarn, denn er ist un-gar = Ungar.
7. Alle männlichen.
8. Weil es in einem leeren Sack keine Glasflasche geben kann.
9. Nur zwei, alle anderen sind dem Mann ja begegnet und gehen nach Köln.
10. Er ist dein Vater.
11. Fünf Pfennigstücke haben das Gewicht des Fünfmarkstücks.
12. Du schläfst nur eine Stunde, denn der Wecker klingelt nicht um 9.00 Uhr früh, sondern um 21.00 Uhr.
13. Einen.
14. Die drei ausgeblasenen Kerzen bleiben übrig, denn die anderen brennen ja herunter.

15. Wenn pf davor steht.
16. Keineswegs nur der Februar, denn alle Monate haben 28 Tage.
17. Mindestens drei (wenn sie im Gänsemarsch gehen).
18. Weil es die nur am Südpol gibt, Eisbären aber leben am Nordpol.
19. Der Buchstabe m.
20. Das Echo.
21. Aufwachen.
22. Alle drei brennen gleich hell.
23. Er wiegt Kartoffeln.
24. Laß es aus 1 Meter Höhe fallen, dann wird es 90 Zentimeter fallen ohne zu zerbrechen.
25. Der Trompeter.
26. Sieben.
27. Apfelmus.
28. Du hast vergessen, den Löffel aus der Tasse zu nehmen.
29. Nur einmal (danach sind nur noch 99 Meter übrig).
30. An der Fensterscheibe.

31. In jedem Jahr natürlich.

32. In Tauberbischofsheim.

33. Keines von beiden, denn $7 \cdot 18 = 126$.

34. Ja! Weil er nämlich nur zwei Fehler enthält: DISSER; ENTHELT.

35. Es wachsen sehr viele Schwämme im Meer.

36. Die stillstehende Uhr, denn sie zeigt wenigstens zweimal am Tag die richtige Zeit an. Die nachgehende Uhr dagegen zeigt nur am ersten Tag die richtige Zeit an.

37. Ganz einfach: vorvorgestern, vorgestern, gestern, heute, morgen, übermorgen, überübermorgen.

38. Im Lexikon unter dem Buchstaben S.

39. Das Seil und die Wurst.

40. Sie leben dort.

1. Auf den zweiten Blick hast du sicher gemerkt, daß es solche Gegenstände gar nicht geben kann. Von wegen »ganz normal«!
2. Die dunklen Punkte sind gleich groß.
3. Beide sind gleich lang.
4. ... oder eine alte? Beides ist möglich.
5. Je nachdem, wie man das Bild betrachtet, sieht man eine Vase oder zwei Gesichtsprofile.
6. Es kann auch eine »IDEE« sein!
7. Wenn du dieses Buch waagrecht unter deine Augen hältst und dann auf die Schrift guckst, verkürzen sich die Buchstaben, und du liest: »Das kann ein jeder lesen.«
8. Es sind zwei richtige Kreise. Der kleinere scheint nur krumm zu sein!
9. Bremen.
10. Fliehe – Polizei.
11. A und B sind gleich lang!

12. Du hast es bestimmt nicht geschafft, denn hier ist eine optische Täuschung im Spiel. Du denkst bei der Tischplatte an ein Quadrat – und glaubst, daß die Fläche für das Pfennigstück groß genug ist. Die Zeichnung stellt aber ein Viereck mit zwei parallelen ungleichen Seiten dar – also eine perspektivische Verkürzung des Quadrats.
Deshalb: Der kleine Pfennig ist zu groß!

13. Auch wenn du dir noch so sicher bist: In dem großen Quadrat ist kein Trapez, sondern ein weiteres Quadrat. Die schräg verlaufenden Linien täuschen dein Auge. – Miß mal nach!

14. Der äußere Kreis.

15. Dieses dritte Geldstück gibt es nicht wirklich! Es ist das sogenannte »Nachbild«, das auf der Netzhaut deines Auges entsteht.

16. Je länger du hinsiehst, desto häufiger werden sich die Würfel »umkehren« – die weißen Flächen zeigen nämlich in beide Richtungen!

17. a) und b) Je nach Blickpunkt ist alles möglich.

18. Acht Kugeln passen in das Viereck.

19. Im Abstand von 5 Zentimetern kannst du nichts richtig sehen. Der dritte Finger ist einmal die Spitze vom linken Zeigefinger, einmal die Spitze vom rechten Zeigefinger.

20. Wenn du auf den Schnabel links siehst, erkennst du mit Sicherheit eine Ente. Schaust du jedoch rechts auf das Auge, ist das merkwürdige Zwittergeschöpf – ein Kaninchen.

21. Auch diesmal sind beide Linien wieder gleich lang.

22. Seltsamerweise erscheinen an den Kreuzungsstellen dieses Musters überall kleine graue Flecken, obwohl es dort gar keine Flecken gibt! Die weißen Streifen erscheinen gegen den schwarzen Hintergrund heller, als sie in Wirklichkeit sind. An den Kreuzungspunkten fehlt der Kontrast, so daß du sie in ihrem wahren Ton siehst.

23. Schaust du starr auf die unteren Wimpern, dann scheint Herr Möllemann zu schlafen. Guckst du hingegen auf die Augenbrauen, dann beobachtet dich Herr Möllemann mit verschleiertem Blick.

Zu guter Letzt: Drudel zum Abgewöhnen

1. Ein fetter Mann auf einem Barhocker.
2. Ein Posaunenspieler in einer Telefonzelle.
3. Eine Biene führt ihrer Freundin ihr letztes Werk vor.
4. Ein Reißverschluß mit nur noch einem Zahn.
5. Zwei Blutkörperchen auf Hochzeitsreise.
6. Eine chinesische Festtafel.
7. Ein Mann ißt Erbsen mit einem Messer (von den Mandeln aus gesehen).
8. Ein Wurm, der einen anderen zum Essen eingeladen hat.
9. Ameisen vor und nach einer Weinpfütze.
10. Ein Melkschemel für Giraffen.
11. Ein Kamel vor einer Pyramide.
12. Ein Tausendfüßler beim Füßetrocknen.
13. Ein Tausendfüßler mit gekreuzten Beinen.
14. Eine freche Olive streckt ihre Zunge raus.
15. Ein kunstvoll gestopftes Omelett.
16. Ein 20-Mark-Hamburger.
17. 2 mal 4.
18. Vollmond, aus einer Gefängniszelle betrachtet.
19. Eine Kuh mit zu lang geratenen Beinen.
20. Vier Elefanten beschnüffeln einen Tennisball.

21. Ein Nashorn im Sack.

22. Ein Taucher mit Schluckauf.

23. Start zum Mäuserennen.

24. Ein U-Boot-Matrose läßt einen Drachen steigen.

25. Ein Tintenfisch beim Autostopp.

M. & B. Flessner

Käpt'n Blaubärs Quiz- und Lügenbuch

RTB 3008

Klar, daß Käpt'n Blaubär für sein Leben gern Seemannsgarn spinnt. Weißt du, welche von den 130 haarsträubenden Geschichten wahr sind? Gibt es in England einen Kuhfladenweitwurf-Wettkampf? Du weißt es nicht? Dann schau schnell im Lösungsteil nach!
ab 9

M. & B. Flessner

Käpt'n Blaubärs Flunkerbuch

RTB 3016

Käpt'n Blaubär erzählt wieder mal Geschichten. Aber er ist in bester Flunkerlaune, und wenn ihr nicht aufpaßt, bindet er euch einen dicken Bären auf! Also Vorsicht! Welche der 130 phantastischen Geschichten stimmen, und wo hat sich Käpt'n Blaubär etwas ausgedacht?
ab 9

Hjördis Fremgen (Hrsg.)

Wie denn? Wo denn? Was denn?

RTB 3004

250 spannende Rätselgeschichten zum Knobeln und Kniffeln. Streng deine grauen Zellen an und komm hinter das Geheimnis der Flußüberquerung oder finde heraus, ob ein Goldfisch in seinem Glas schwimmend oder am Boden liegend mehr Gewicht auf die Waage bringt.
ab 10

Friedrich Scheck

365 Rätsel für ein ganzes Jahr

RTB 3009

Rästel, Rätsel, Rätsel: 365 Stück, eines für jeden Tag im Jahr! Lockende Labyrinthe, verzwickte Vexierbilder, schillernde Scherzfragen, knifflige Kreuzworträtsel und zünftiger Zahlenzauber. Das wird dich in Atem halten! Illustrierte Rätsel zum Kniffeln und Knobeln!
ab 10

Bernd Flessner

Total genial!

RTB 3003

Über 500 Quizfragen zum Raten, Staunen und Lachen. Teste dein Wissen, allein oder zusammen mit Freunden! Beeindrucke deine Umwelt mit schlauen Fragen! Oder führe sie mit einer Scherzfrage aufs Glatteis. Und für den Notfall gibt's einen Lösungsteil mit den richtigen Antworten.
ab 10

para

Rätselrunde

RTB 3017

Ein tolles Rätselbuch mit 240 Rätseln aller Art! Trainiere deine grauen Zellen mit Kreuzwort-, Silben-, Rechen- oder Buchstabenrätseln. Entschlüssle Rebusse und Knobelrätsel gemeinsam oder allein. Ein Fall für schlaue Köpfe!
ab 10

Rezeptbücher gegen Langeweile

Leselöwen-Ferienbuch

Das reich illustrierte Buch ist eine wahre Fundgrube an Gedichten und Geschichten, Spielen und Rezepten – genau das richtige Unterhaltungs- und Beschäftigungsbuch für Eltern und Kinder, nicht nur in den Ferien, für früh und spät, für drinnen und draußen.

Leselöwen-Spiel- und Spaßbuch

Dieses Buch ist eine wahre Fundgrube an Geschichten, Gedichten, Rätseln, Witzen und unzähligen Anregungen zur Selbstbeschäftigung. Es lädt ein zum Lesen und Lachen, zum Raten und Tüfteln, zum Basteln, Malen und Kleben. Mit Spielen für drinnen und draußen und vielem mehr.
